Alumnos del IES
Princesa Galiana
de Toledo

MUNDO FALSO

Buscando la verdad
en la era del engaño

Ápeiron Ediciones

2025

Alumnos del IES Princesa Galiana de Toledo

MUNDO FALSO

Buscando la verdad
en la era del engaño

Ensayo

1.ª edición, 2025

C/ Príncipe de Vergara, n.º 132, planta 9
28002 Madrid
Tfno.: (+34) 611 00 28 41
E-mail: info@apeironediciones.com
http://www.apeironediciones.com/

Diseño y maquetación: Ápeiron Ediciones
Imagenn de portada: *Jugadores de cartas*, Caravaggio
Fuente: Wikimedia Commons

Papel procedente de fuentes responsables

ISBN: 979-13-990257-1-2
Depósito legal: M-11062-2025

Índice

PRÓLOGO

Lo directo de las palabras en que un grupo de gente muy joven expresa su encuentro simultáneo con la verdad y con lo falso de este mundo histórico nuestro no debe obstaculizarlo un prólogo, y menos de alguien viejo; pero para que yo cometa esta falta tan adrede se interponen otros motivos que en parte la justifican.

El más importante es la confirmación de la esperanza, que exige un himno de gozo: la filosofía no se nos va a morir entre las manos un día de estos. Por más discursos inútiles que circulen y hayan circulado acogidos a su nombre, quienes están despiertos la reclaman en su autenticidad y prolongan su tradición maravillosa. Hay hijos, nietos y bisnietos de Sócrates en muchos lugares; aquí aparecen, por ejemplo, en Toledo. Un profesor de auténtica vocación y que se deja la salud en su aula los ha descubierto.

Ellos han comprendido en óptimo momento que nuestra vida, o sea, nuestra conducta, nuestros actos morales, ante todo, son como son debido a las presuntas verdades que aceptamos. Nos comportamos con los demás, con las cosas e incluso con nosotros mismos conforme a lo que creemos saber sobre la realidad; y entender que es así no depende de que nos hayamos introducido en ninguna ciencia de complicados métodos. Ciencias así nos van a servir más adelante para cuidar de ciertas realidades; pero hay primero el cuidado de uno mismo y de sus próximos, que necesita de la verdad sobre el bien y, un poco al menos, sobre la naturaleza humana. Esta verdad que me revela a mí mismo y que me orienta respecto de cómo ir avanzando en la vida es la base y a la vez el resultado del pensamiento elemental y radical que seguimos llamando filosofía.

La base, porque hemos nacido en lo verdaderamente real; el resultado, porque lo hemos tenido que ir recuperando a partir de las ilusiones, las mentiras y las medias verdades que pueblan la sociedad. Y se llama filosofía porque no se sirve de lenguajes artificiales ni de cálculos matemáticos, sino de audacia y amor: audacia para atreverse a pensar cómo conquistar las verdades más importantes, estimulados por el amor a lo real, a los demás, a nosotros mismos, a todo.

Quien no quiere maltratar ni traicionar a nada, a nadie, empieza el camino milenario de la filosofía, o sea, de Sócrates. Sabe que es un asunto suyo propio, personal, que no puede encontrar resuelto en ninguna parte que no sea la evidencia que luzca ante él, este individuo. Sabe además que las evidencias están deseando ser compartidas, porque solo desde ellas se vive feliz y plenamente. Evidencias modestas pero sobre las que se edifica todo lo demás.

Necesitaríamos una campaña de promoción y defensa de la libertad individual, del deseo de entender y crear, del entusiasmo por el conocimiento y el amor; solo que estas cosas tan altas no admiten ninguna campaña en su favor -sí, y ya las hay abundantes, en su contra-. Su reticencia a ser dichas inadecuadamente es absoluta. Los ideales por los que la vida tiene sentido se han de descubrir y perseguir en un cierto secreto, porque esa es la condición de que se nos revelen en toda su maravilla. Hay luego que mostrar lo que recibimos de ellos y queremos trasladar a todos, pero también a la hora de hacerlo se pone de manifiesto que solo algunos medios son los buenos. Cada momento, cada época tendrá seguramente los suyos. Hoy y aquí, un aula de enseñanza media o de bachillerato, en un pueblo cualquiera, es un lugar de privilegio para la palabra bien pensada. Quizá los recursos materiales sean escasos o, en ciertos momentos, hasta contraproducentes. Da igual. Se trata de un espacio y un tiempo en los que se puede y se debe suspender la máquina de competir por una calificación y, desde luego, por el lado del maestro, la ambición de modelar almas.

El puro querer verdad pese a todo es una pasión que no deja de alimentarse en la juventud. Si se tiene la fortuna de poder compartirla y la paciencia para perfeccionar la lengua en que se expresarán sus frutos, no durará un corto lapso de tiempo. Ojalá podamos hacer que moldee nuestra vida entera.

Viendo lo que piensan y lo que escriben estos estudiantes en el primer momento de su madurez, nos emocionamos.

MIGUEL GARCÍA-BARÓ LÓPEZ

INTRODUCCIÓN

La creatividad inagotable de la vida, que sorpresivamente se impone siempre en nuestras almas particulares, vuelve a imponérseme hoy a mí mismo. Como antiguo decano de la Facultad de Filosofía de San Dámaso volvía a organizar por última vez en los pasados meses junto a mis compañeros y colaboradores de San Dámaso el Congreso-Certamen *"Piensa; luego existe"*, evento que nuestra Facultad convoca cada dos años entre los Colegios e Institutos que quieran participar con el sano ánimo de promover el pensamiento entre los jóvenes dando ocasión a profesores de filosofía y alumnos de reflexionar por escrito sobre algún tema clásico y a la vez de actualidad que estimamos de interés. En esta edición propusimos pensar sobre: *"Los jóvenes y la política en la época de la posverdad"*.

Digo que la vida nos sorprende —y a mí, particularmente en este caso—, porque me encuentro de nuevo introduciendo un libro sobre el trabajo ganador del mencionado certamen, tutorizado por el profesor Federico Campoy. Y resulta que descubro, además, que se trata de un Centro Educativo diferente (imagino que como consecuencia de un traslado). Ya es curioso, habida cuenta de que han participado más de cuarenta trabajos, la mayoría de ellos interesantes y de calidad. Pero, en fin, no me detengo ahora en cuestiones providenciales (que, por otra parte, considero fundamentales en las vidas de los seres humanos). El caso es que el texto que van a leer a continuación es precisamente el trabajo que este grupo de alumnos presentó y que ¡de nuevo! (en lo que al profesor tutor respecta), ganó el certamen. Su título era *"Mundo falso. Buscando la verdad en la era del engaño"*. Como anticipa el profesor Miguel García-Baró, amigo y maestro a la vez de quien compone este pequeño texto introductorio, se manifiesta en esta composición juvenil un emocionante candor y frescura en el contacto de los jóvenes con la verdad, una suerte de revivencia de la lucidez socrática en torno a la condición decisiva de la verdad, así como de esa tendencia y exigencia originaria a ser fieles a ella, candor y fidelidad que quizá luego el mundo adulto retuerce, y tiende a disipar y ocultar.

"*Nos mienten y lo sabemos*"; así de rotundo reza la primera fase de este trabajo, e inmediatamente reconocen estos jóvenes la frustración que este hecho produce en ellos: "*nos sentimos encerrados en un círculo del que no sabemos ni podemos salir*". Esto ya debería dar que pensar a los poderes que tratan de manejar el mundo intentando, justamente, apoderarse de las conciencias de las personas y particularmente de los jóvenes, con la equivocada pretensión de asegurarse apoyos futuros para su permanencia en el poder. Pretensión equivocada, poque el poder jamás debería ser un fin en sí mismo, sino un medio para promocionar a la personas de carne y hueso a través de la estructura social fundamental, que es la familia. Precisamente esta promoción de las personas de carne y hueso sólo es posible con un respeto inmaculado y reverencial a la verdad. Si se falta a la verdad, si se manipula la verdad, no avanzamos en el crecimiento personal. Por cierto, que la debilidad en la que nuestras sociedades mantienen a la filosofía (digo la filosofía, que no de la ideología, que asombrosamente de nuevo se trata de imponer incluso con la presión del *nomos* político) y, en general a las humanidades en la educación de los jóvenes —y creo necesario puntualizar que 'humanidades' hoy por hoy no equivale a 'ciencias humanas'—, esta precariedad, digo, no es un buen signo de las pretensiones del poder.

La indecencia y frivolidad con la que se maltrata la verdad en una sociedad que se ha acostumbrado a vivir en la epidermis de la realidad, en la superficialidad y fugacidad de los comentarios cortos, reductivos y estridentes a través de las redes —comentarios a menudo también insultantes, atacando a las almas en su vulnerabilidad de querer ser aceptadas por las otras almas, por las mayorías, con lo que expropian su libertad y convierten a hombres y mujeres en hombres y mujeres 'masa', en siervos de la ideología dominante, ansiosa de apoderarse del mundo—. Ello va produciendo, como magníficamente expresan estos jóvenes en su propuesta *"una niebla espesa de interpretaciones"*, cuya oscura multiplicidad los deja a la deriva, situándolos ante el peligro de abandonarse a una resignación escéptica, que da por imposible el camino de la verdad (quizá sea precisamente esta maldad la que guía a estos poderes: instalar a los jóvenes en una profunda desafección en torno a la verdad provocando una retracción del compromiso en la polis). Dolidamente escriben estos jóvenes en relación a la actual política: *"no nos sentimos representados por ningún partido político. Ellos se aprovechan de los bulos y la desinformación... Les da igual decir la verdad o no, ocultarla, decorarla o tergiversarla"*. Deberíamos tomar nota.

Sin embargo, los jóvenes no se resignan ante *"el conflicto de las interpretaciones"* (título del libro de un famoso filósofo), sino que se dan cuenta de que —de nuevo los cito— *"muchas veces, la verdad puede ser compleja, subjetiva, o requerir una perspectiva amplia para ser comprendida en su totalidad"*; es decir, se dan cuenta de que la verdad es difícil (Zubiri cita a menudo la sufrida exclamación de Platón: *"quedé exhausto escudriñando la realidad"*), pero que, no obstante su dificultad, es irrenunciable, pues, como prologa el profesor Baró, no es posible conducirnos hacia el *bien*, si no logramos situarnos en la vía que me va conduciendo a lo que *en verdad* es el bien (es que, en realidad, verdad, bien y belleza son inseparables).

Una cosa me queda clara, a saber, la necesidad de fomentar este tipo de iniciativas abriendo un campo de reflexión entre los jóvenes para que su pensamiento emerja libre y espontáneamente y puedan compartirlo entre sí y entre sus profesores. Creo que, en las sociedades actuales, incluidas las democracias occidentales, el poder de las grandes estructuras, de las multinacionales, pero particularmente de los estados o macro-estados, como es también el caso de la Unión Europea, crece ininterrumpidamente, imponiéndose de forma paulatina pero inexorable, a las personas de carne y hueso y, como decía antes, al núcleo verdaderamente humano de la sociedad, las familias o en todo caso a las comunidades en que se da un trato personal entre sus miembros. Ello va acotando cada vez más su espacio de libertad y de construcción espontánea y propia de sus vidas. Progresivamente más y más aspectos que nos conciernen *en persona* tratan de ser controlados y dirigidos desde "arriba" mediante leyes de amplio alcance en las que la partitocracia política —que habita una burbuja claramente escindida de la vida real de las personas y de las comunidades verdaderamente acordes a ellas— siempre se pone de acuerdo y que ejecuta de manera implacable haciendo uso, no sólo de su gran poder legislativo y ejecutivo, sino a la vez de los actuales medios tecnológicos (de los que la inteligencia artificial es ya otro hito importante). Todo ello queda legitimado con las elecciones de cada cuatro años, en los que la sociedad civil, ya de por sí enormemente atosigada y manipulada (como los jóvenes perciben con angustia y estupor, tal y como podrá comprobar el lector en este libro), emite su voto entre los partidos políticos que logran visibilidad como apenas único recurso para expresar su parecer. Se está aminorando progresivamente el protagonismo y la espontaneidad de las personas y las comunidades propiamente personales; el poder político trata de acapararlo todo y de esta manera una nueva forma de totalitarismo democrático, democrático, sí, pero con tendencias totalitarias, nos amenaza. La estructura técnica de nuestras democracias, por buena que fuere, no asegura ni la verdad, ni la belleza ni el bien. Sólo la honestidad de las personas de carne, hueso y espíritu que se niega a desligarse de la Verdad, la Belleza y el Bien puede salvarnos. Este libro, que resume y recoge los anhelos de nuestros jóvenes, es un claro testimonio de ello.

VÍCTOR M. TIRADO SAN JUAN
Las Rozas de Madrid a 12 de abril de 2025

PRESENTACIÓN

Hace dos años tuve que sentarme a escribir la presentación de un libro que salía como resultado de haber ganado el certamen de Filosofía *«Piensa, luego existe»*, que convoca (precisamente cada dos años) la Facultad de Filosofía de la Universidad de San Dámaso de Madrid. En aquel momento animé a presentarse a un grupo de alumnos del IES Peñas Negras de Mora (Toledo), en el que me encontraba dando clase de Filosofía. No lo esperábamos, no lo esperaban... pero ganaron el certamen. Y de ahí aquel maravilloso libro "Ser y sentir, entre la razón y la emoción" que publicó esta misma editorial, Ápeiron Ediciones.

Ahora me encuentro en la misma situación. Con alumnos de un centro distinto. Víctor Tirado ha adivinado con acierto el motivo: un traslado, que se llama concursillo en el argot de los funcionarios de educación. Me encuentro este curso en el IES Princesa Galiana de Toledo. He dado con un grupito de alumnos que llegaron casi a presionarme para que sacáramos adelante un trabajo que prácticamente no tenía posibilidades.

Sé que ellos lo van a relatar de manera personal en este mismo libro, y había pensado no hacerlo yo para que no resulte demasiado repetitivo, pero en este caso no puedo dejar de contar mi propia vivencia de este hecho maravilloso. Por la sencilla razón de que las cosas hay que contarlas si se quiere que se conozcan. Dejo a la bondad del lector la amable recepción de este relato, que tal vez no sea épico (como gustan ahora decir los jóvenes a todo lo que les emociona) pero sí que es extraordinario en su cotidianeidad.

Me sumo en este momento a la tesis del empirista George Berkeley cuando decía que lo que no se percibe, simplemente no existe. Lo mismo sucede con lo que no mostramos para que no sea percibido. Si nadie ha visto un suceso es como si no hubiera sucedido. Nadie duda que suceden cosas completamente fuera de nuestro alcance perceptivo, pero para lo que nos interesa es como si no existieran. Nunca se sabrá. Por tanto, nunca acontecieron. Por eso es necesario que estas cosas se sepan. Porque vivimos en un mundo poblado por humanos que se hipercomunican entre sí de manera a veces compulsiva. Es necesario dar a conocer lo que sucede, sobre todo cuando puede suponer un motivo de aliento y esperanza, para los jóvenes, para los docentes y para todos los que luchamos por construir un mundo donde las mentes no queden prisioneras de las redes de la estupidez.

Con esta determinación continúo el relato.

Después de una baja médica de algo más de dos meses y reincorporarme a las clases, les dije que teníamos que abandonar la idea de realizar un ensayo para el certamen porque no había tiempo. Casi todos se echaron para atrás lamentando la ocasión perdida, como era lo más lógico. Pero dos alumnas de la clase de Ciencias Sociales y Humanidades dijeron que lo querían intentar. Las intenté disuadir, pero no fui capaz, me insistieron en que querían intentarlo. Ante semejante audacia no pude más que admirarme y dar la oportunidad que reclamaban.

Expuse el hecho a las otras dos clases de 2º de Bachillerato, y encontré eco en otros dos alumnos (una alumna y un alumno) de Artes Escénicas. Eran cuatro, un muy buen número para intentarlo. Sinceramente, yo no lo veía nada claro, había demasiado poco tiempo, y para colmo, estaban en los días de los exámenes de la segunda evaluación. Todo en contra.

Me dijeron que cuando acabaran los exámenes se ponían de lleno con ello. Esto reducía los diez días disponibles a tan sólo una semana. Una pequeña locura. Les dije entonces que si queríamos sacar adelante este proyecto tenían que quedar todas las tardes, todos los recreos, todos los ratos libres, para dedicarnos de lleno al trabajo. Aceptaron el reto. Incluso durante el fin de semana de carnaval se dedicaron a quedar para hacer el trabajo.

Yo me ofrecí a estar con ellos, a quedar por las tardes siempre que pudiera, a quedarme todos los recreos. Era necesario dialogar, plantear preguntas, dirigir la mirada a problemas esenciales.

Y el arranque que tuvieron me dejó maravillado. Creamos un documento compartido y en seguida empezaron a aparecer textos redactados, al principio de manera revuelta, poco a poco cogiendo orden. En unos casos había una escritura impecable, en otros algo más caótica. Se precisaba un orden. Y aquí empezaron algunas maravillas que no puedo dejar de relatar, porque creo que deben darse a conocer.

Nuestro alumno procedente de Venezuela, testigo de las últimas votaciones fraudulentas que allí ocurrieron, quiso entrar de lleno en el trabajo por su alto componente político, que es su tema preferido. Se expresa muy bien cuando habla y nos cuenta sus experiencias y sus ideas, pero cuando las tiene que poner por escrito no es capaz de hilarlas con coherencia. En cambio su compañera Carmen tiene un estilo depurado y elegante que da forma a todo lo que escribe. ¿Solución? Robert le cuenta a Carmen todo lo que quiere decir y ella lo va escribiendo directamente, dando forma escrita a lo que de él sale oralmente. Caso parecido. Nuestra alumna Andrea es un prodigio pensando, haciendo preguntas, planteando problemas, retos... pero su plasmación resulta un tanto caótica y sin orden. Aun así lo hace, vuelca por escrito todas sus inquietudes. Lee a Nietzsche, lee a otros filósofos y vuelca todo su pensamiento. Pero no hay orden. Hay que poner cosmos en el caos. Y de nuevo brota el trabajo de equipo. Carmen y yo nos ponemos con ella, le hacemos sugerencias, le damos ideas; el texto va tomando forma, las ideas se aclaran, se va haciendo la luz.

Fue decisivo para poder avanzar el encontrar con cierta rapidez de qué queríamos hablar. Robert tenía unas ideas fijas que quería desarrollar sí o sí, que están recogidas en la parte política. Yo les sugerí que buscaran los antecedentes y así se pusieron a ello. Les proporcioné las obras que había que leer, lo más breves posibles. Afortunadamente "Sobre la verdad y la mentira en sentido extramoral" de Nietzsche es algo más que un folletito. Se avanzaba a buena velocidad.

María tiene un padre al que le gusta mucho la filosofía. Me cuenta que charla mucho con él y parece que su aportación al trabajo tiene un sello especial proveniente de esos diálogos paternofiliales. Me sorprendió su claridad desde el principio, con incursiones en los distintos capítulos, sin especializarse en ninguno como parece que sí ha hecho el resto. Así andaba caminando la redacción del trabajo.

Entonces sucedió lo que ninguno esperábamos.

Durante uno de los recreos en los que dialogábamos y discutíamos aspectos del trabajo, una alumna que no formaba parte de él no paraba de mirarnos con mirada interrogante. Me daba cuenta de que en su interior había una mezcla de atractivo por un lado y de lucha por otro. Se debatía por dentro. Percibí la hermosura del momento y terminé por acercarme a ella y proponerle escribir sobre un tema que días antes le había llamado poderosamente la atención en clase: lo que llamé el erotismo de la verdad, o del conocimiento. Emplazo al lector a que lea el trabajo para que sepa a qué me refiero.

Debo retroceder para contar un poco más despacio el caso de esta alumna. Leire. No le gustaba la filosofía, llevaba todo el curso diciéndomelo. Estudiaba para sacar la asignatura, y lo hacía bien, sacaba notas muy buenas. Pero no le gustaba. Y me lo recordaba periódicamente. Era como una "pullita" que yo llevaba continuamente encima.

Hasta que llegó el día memorable en que de mis labios brotó la ocurrencia de comparar el nuomeno kantiano con algo erótico (nada más antierótico que Kant). Necesitaba explicar de algún modo que nuestra necesidad de conocer brota de una llamada de la "parte oculta" de la realidad, esa que no podemos percibir pero que sabemos que está. Hay un reclamo que pone en marcha nuestro deseo. A partir del fenómeno no podemos evitar querer acceder al noumeno; necesitamos destapar, quitar la ropa a lo aparente para llegar a lo real. La experiencia es como una sugerencia, que seduce, insinúa, pero no muestra, que activa el deseo que Platón identificaba con el Eros. Eso es lo que nos pasa cuando queremos conocer. Como nos pasa con las personas, hasta que podemos llegar a "tocar" su alma y se produce un encuentro para cuya descripción las palabras no bastan. Algo así traté de expresar en clase con toda la vehemencia de la que era capaz.

Me di cuenta en seguida de que la mirada de Leire había cambiado. Nunca en clase había prestado la atención que en ese día. Su cara también era diferente, algo se había encendido en su mente y en su corazón. Empezó a circular por ella la pasión por la verdad, empezó a comprender que aquí había algo más que hasta ahora no había percibido.

Y de este primer empujón vino la escucha del debate de sus compañeros en aquel recreo.

Leire aceptó escribir sobre el erotismo de la verdad, un capítulo muy original del trabajo. Y me encontré con otra escritora de primer nivel. Qué claridad y belleza a la hora de expresar lo que lleva por dentro. Empezó a brotar un nuevo capítulo del trabajo a una velocidad que consideré imposible, pero que era real. Leire estaba llena de vida, podría decir que entusiasmada.

Pero no queda aquí la historia. El avispado lector habrá notado que hay una sexta persona en este trabajo. En efecto, nos dejamos por el camino a Marina. No es de la clase, ni siquiera del nivel de 2º de Bachillerato. Es más pequeña. De 2º de ESO.

También imparto clases de Valores Éticos en ese nivel. Y un día en clase, les comenté que estaba participando en el certamen con el grupito de Bachillerato, y les conté todo lo que ya se ha dicho aquí, la falta de tiempo, el tema del trabajo, etc.

Pues bien, algunas alumnas de esta clase de la ESO se mostraron muy interesadas en venir los recreos a ver cómo debatían el tema sus compañeros mayores, a quienes miran como quien mira a su propio futuro. Marina y Paula fueron las más interesadas. Pero solo una, Marina, tomó una decisión valiente, audaz y casi me atrevería a decir que temeraria. Quería aportar algo al trabajo. La incluimos en el documento compartido y, para mi sorpresa, en poco tiempo empezaron a aparecer párrafos redactados por ella. La conozco, y sé de lo que es capaz. Así que aunque su aportación ha sido más escueta, algo de este trabajo es también suyo, y es de justicia que así aparezca. Gracias Marina, bienvenida al club de los locos que queremos pensar.

Simplemente por estos acontecimientos puedo decir que la experiencia ya habría valido la pena aunque no nos hubiera dado tiempo a terminar el trabajo, aunque nos hubiéramos quedado a medio camino. Pero no fue así. Luchamos hasta el final, escribieron, tacharon, volvieron a escribir, cambiaron cosas, borraron otras; y quedamos uno y otro día, horas enteras. Luego seguía cada cual desde su casa. Tremenda intensidad.

Algunas expresiones no quedaron del todo pulidas, algunas ideas tal vez poco claras; pero era lo que había salido de un maratón que dio a luz un trabajo realmente bello.

Sólo puedo decir como profesor: Gracias Andrea, gracias María, gracias Robert, gracias Carmen, gracias Leire, gracias Marina. Hacéis que la tarea del profesor sea la más apasionante de todas. Convivir con vosotros es una delicia, como lo sigue siendo con los que hace dos años tuvimos una experiencia distinta, pero algo similar en la esencia. Como lo es el reto diario de entrar en un aula. Tiempos difíciles para la educación, oímos por todas partes, pero apasionantes si no perdemos de vista quiénes tenemos ante nosotros. Sois vosotros, quienes dais sentido a lo que hacemos. Queridos alumnos, queridas alumnas. Aunque a veces hagáis que nos queramos cortar las venas en días intensos de intensa adolescencia, también vosotros estáis bajo una presión que a veces no sabemos captar.

Quiero hacer de esta introducción un homenaje al mundo educativo. Quisiera que las horas que pasamos en las aulas o fuera de ellas cuando sacamos el saber de los pupitres a las calles o a otros espacios externos, salga para impregnar el imaginario de quienes están en su día a día sin saber qué ocurre en el espacio donde se forja nuestro futuro. Quisiera hacer un pequeño canto de esperanza, porque sigue habiendo humanidad. No somos tan desastrosos como nos queremos hacer ver a todas horas. Todos queremos ser felices, y a veces nos empeñamos tozudamente en hacerlo muy difícil.

Quisiera ver cómo los centros educativos se convierten en lugares donde se cocina la verdadera felicidad, donde se aprende a convivir, a respetar, a empatizar. Donde el aprendizaje no sea una carrera de zancadillas ni un estrés por unas notas que a veces no representan la verdadera valía. Sé que luchamos por ello, pero a veces las rigideces de los currículos, las excesivas burocracias y las manías de tener todo bajo control para poder justificar todo ante todos (especialmente las familias que pueden no ser del todo comprensivas con lo que se hace en las aulas), esas cosas hacen que pase a un segundo plano lo que nunca debería dejar de estar en primer lugar: la convivencia entre toda la comunidad que nos encontramos conviviendo día a día en los centros educativos.

Cuando uno se encuentra teniendo que ponderar, medir, encasillar en porcentajes criterios, saberes o descriptores tiene la impresión de que hay dos mundos paralelos que nunca se tocarán. El mundo del día a día del aula, con todo lo que eso significa, y el de los requerimientos legales para tener todo en un perfecto estado de revista, aunque no logre mostrar lo que es la verdad de la educación. No dudo que los esfuerzos que se realizan a todos los niveles, desde los administrativos a los más directamente pedagógicos, vayan sinceramente a tratar de mejorar la calidad de la educación, sobre todo cuando van destinados a ofrecer una mejor atención a quienes más lo necesitan. Pero tampoco dudo que el exceso de planificación y de meticulosidad a la hora de establecer los parámetros en los que metemos tanta información irrelevante dificulta mucho la flexibilidad necesaria para atender bien lo que nos exige el aula cuando estamos tú a tú con nuestros alumnos.

Es la experiencia la que nos lo dice. Los que estamos diariamente en las aulas lo sabemos, y a veces no es fácil explicar esto a quienes no lo están. Es algo que puede generar frustración, y de hecho lo hace. Hay muchos docentes desencantados con la profesión, y de hecho se están produciendo abandonos y estamos asistiendo atónitos al fenómeno de encontrarnos las listas vacías en algunas especialidades. Parece como si cada vez menos gente quiera ser profesor. Y esto es doloroso.

Si mi experiencia de entusiasmo puede servir de algo, la dejo aquí por escrito. Como homenaje a profesores, alumnos, equipos directivos, conserjes, personal de limpieza, de cafetería… todos necesarios para que un centro tenga la vida que tiene.

No quisiera terminar esta ya larga introducción sin hablar un poco de la Filosofía, que es la que nos trae a este pequeño libro. Una Filosofía en la mirada de los jóvenes, cuya audacia es indudable. A pesar de su falta de experiencia se han atrevido a asomarse a un difícil campo de reflexión para analizar y tomar partido sobre aquello que han reflexionado. Sus mentes son rápidas, flexibles, aunque a veces demasiado impetuosas como corresponde a esta edad; tienen necesidad de búsqueda, necesitan que se les escuche y se reflexione con ellos.

Hay que dedicar el tiempo que ya no tenemos. Y el pensamiento y la filosofía requieren ante todo eso: tiempo. De calidad. Cuánto se echa de menos en nuestras atareadas y estresadas sociedades ese sosiego necesario para que pueda empezar a brotar la sabiduría. Ojalá consigamos volver a crearlos. Deberíamos dar un poco la vuelta al modo de vida que nos hemos creado entre todos. Para volver a lo esencial, para recuperar la mirada que sabe descubrir la realidad. Para ser nosotros mismos.

Respecto del trabajo que el lector va a leer poco tengo que decir. Tanto Miguel García-Baró como Víctor Tirado lo han dicho y es suficiente con lo que nos ofrecen. Desde aquí quiero agradecerles la colaboración con este libro. A Víctor, siempre, por convocar este tipo de certámenes, que tanto bien hacen. Ojalá sus sucesores en el decanato sigan su estela y continúen lo iniciado por él. Y a Miguel, mi maestro y, sobre todo, amigo, sólo puedo agradecerle todo lo que su persona significa para nosotros, como una referencia siempre noble y sincera que empuja a buscar la verdad y el bien con toda la fuerza de que se disponga. A ellos mi profundo agradecimiento.

Dejo la palabra a los alumnos. Ellos son los protagonistas de esta obra. Suya es.

FEDERICO CAMPOY OSSET
Toledo, 13 de abril de 2025

PRIMERA PARTE:
EL TRABAJO
RELATADO POR LOS ALUMNOS

Quiero contar un poco mi experiencia con este libro y con el trabajo que hicimos, porque para mí fue algo muy especial, sobre todo por cómo empezó todo.

La verdad es que, durante todos los años que he estudiado filosofía, nunca me gustó. Los profesores que había tenido no se preocupaban mucho en hacer que conectáramos con la asignatura, y yo sentía que todo era como una lista de nombres raros, teorías que no entendía y conceptos que me parecían sacados de otro mundo. No le encontraba el sentido a nada, y eso me frustraba muchísimo. A veces me enfadaba de verdad. Pensaba: "¿Por qué tengo que estudiar esto que no me sirve para nada, que me cuesta tanto, que no entiendo y encima me hace sufrir?". Me lo estudiaba todo de memoria para aprobar, pero sin comprenderlo, sin que me aportara nada. Y lo peor es que me conformaba tan solo con sacar buena nota, aunque no lo entendiese y no me importase.

Hasta que este año conocí a Federico, mi profesor de filosofía, y fue un cambio total. Desde el principio se notaba que le apasionaba lo que enseñaba y que quería que nosotros también lo entendiéramos, no solo que lo memorizáramos. Recuerdo especialmente un día en el que mencionó algo que me dejó muy loca: el "erotismo filosófico" relacionado con Kant. Y yo pensé: "¿Por qué acaba de meter esta palabra en una clase de filosofía?". Me chocó tanto que me despertó la curiosidad. Y a partir de ahí, empecé a prestar más atención en clase, porque me di cuenta de que la filosofía también podía hablar de cosas que me interesaban, que me hacían pensar.

Y entonces surgió el proyecto del libro. Al principio no me uní. Solo se apuntaron dos chicos de mi clase, y como yo vivo en otro pueblo, me era muy difícil comprometerme: los horarios, el instituto, el transporte… todo se me hacía cuesta arriba. Pero un día vi a todos los que estaban en el grupo hablando en el recreo, súper metidos en el tema, compartiendo ideas, y yo los observaba con muchísima curiosidad. Me daban ganas de estar allí, de participar, aunque no decía nada ya que pensaba que no estaba a la altura de ellos sobre el tema.

Fue entonces cuando Federico me vio mirándolos muy interesada. Se me acercó y me preguntó si quería unirme al trabajo. Yo, por supuesto, le dije que no. Me parecía demasiado para mí. Le dije que no iba a saber hacerlo, que no era capaz de escribir nada que estuviera a la altura. Pero él insistió un poco, y como ya me estaba empezando a interesar más la filosofía, una noche me puse a escribir algo en las notas del móvil. Recalco lo de la noche porque era el momento de puro silencio donde más pude conectar con mi mente. Escribía lo que pensaba, sin filtro, aunque me daba miedo que no tuviera sentido. Lo corregía un poco, lo volvía a leer… hasta que me atreví a enseñárselo.

Y cuando Federico lo leyó, me dijo que estaba muy bien. Que tenía algo especial. Y yo no me lo creía. De verdad, yo pensaba que lo que había escrito era una tontería, que no decía nada profundo. Pero ese comentario suyo me dio confianza, me animó a seguir. Y poco a poco me sentí parte del proyecto, sentí que entendía más de lo que yo misma creía, que podía expresarme mejor, al menos escribiendo. Porque en persona, lo admito, me cuesta más, por miedo a decir algún sinsentido y quedar en ridículo. Pero escribiendo era diferente, era como encontrar mi manera de comunicarme.

Y cuando llegó el concurso y… ¡Ganamos el primer premio! Yo no me lo podía creer. De verdad, fue una locura. Habíamos escrito el trabajo en diez días, sin esperar nada, y de repente habíamos ganado. Aunque confieso algo: en el fondo, yo sentía que tenía y que iba que pasar. Leía lo que habíamos escrito y pensaba: "Ojo, esto no parece hecho por estudiantes". Tenía todo para ganar.

Así que nada, gracias a este proyecto y a Federico, entendí que la filosofía no es solo memorizar teorías, que también sirve para pensar, para cuestionar, para escribir, para descubrir cosas de ti misma. Y sobre todo, entendí que a veces solo necesitas que alguien confíe en ti para que tú también empieces a confiar en lo que puedes llegar a hacer.

Y ahora me gustaría hablar sobre nosotros, los adolescentes, viviendo en este mundo de posverdad, que es precisamente de lo que va el libro, ya que me gustaría dar mi punto de vista sobre algunas cosas.

Vivimos en lo que podríamos llamar "la era del engaño". Una época en la que parece que ya no importa si algo es verdad o mentira, mientras suene bonito o encaje con lo que la gente quiere oír.

Y claro, nosotros, los adolescentes, siempre estamos en el punto de mira. Se nos subestima constantemente. Hay muchos adultos que piensan que no sabemos nada, que solo estamos pendientes del móvil, de las redes sociales, que somos una generación sin valores… En resumen: que no vamos a levantar el mundo, que no somos nadie. Que vamos a ser pisoteados por no tener "experiencia".

Pero yo pienso que eso no es verdad. De hecho, lo tengo clarísimo: somos mucho más que eso. Tenemos ideas, tenemos sensibilidad, tenemos cosas que decir. Lo que pasa es que muchas veces no se nos escucha, o nos hacen sentir que lo que pensamos no importa, que todavía no hemos vivido lo suficiente como para tener una opinión válida. Y yo creo que no se trata solo de haber vivido mucho, sino de cómo vives, de si estás dispuesto a cuestionar lo que ves.

Nuestra generación no está dormida. Hemos aprendido de nuestros padres, de nuestros abuelos, de su historia, de sus errores y aciertos. Hemos visto cómo funcionan las cosas, cómo muchas veces los poderosos manipulan a los que no tienen voz.

No queremos tragarnos las mentiras de siempre. Queremos buscar la verdad, aunque a veces duela. Queremos ser capaces de pensar por nosotros mismos. Y sí, tal vez aún estemos aprendiendo, pero eso no significa que no tengamos fuerza. Tenemos mucho por decir, y no solo eso: tenemos también la responsabilidad de transformar el mundo.

Hay algo de lo que también me he dado cuenta con todo esto. Muchas veces los adultos han sido un poco egoístas con nosotros. Porque por un lado, nos critican, nos señalan, dicen que no sabemos nada. Pero luego, por otro lado, nos exigen que seamos nosotros los que arreglemos todo. Que seamos nosotros los que transformemos el mundo. El mismo mundo que ellos han destruido.

Un mundo lleno de desigualdades, de crisis, de contaminación, de guerras, de odio. Y claro, luego vienen y nos dicen: "vosotros sois el futuro, vosotros tenéis que cambiar esto". ¿Y nosotros qué? ¿Con qué herramientas? ¿Con qué apoyo? Si nos pasamos años escuchando que no valemos para nada.

No necesitamos que nos digan qué pensar, ni que nos digan que no podemos. Porque sí podemos.

Y otra cosa que no se dice lo suficiente: también tenemos derecho a equivocarnos. Parece que a los adolescentes se nos exige ser perfectos todo el rato. Como si tuviéramos que llevarlo todo en orden, tener claro qué queremos, cómo lo vamos a hacer…

A veces fallamos, a veces no sabemos por dónde tirar, a veces nos rendimos un rato. Y eso también está bien. Porque no dejamos de ser chavales. Chavales que sí, que somos fuertes, que pensamos, que sentimos, que luchamos… pero también nos rompemos, también nos cansamos.

Porque lo verdaderamente valiente no es hacerlo todo perfecto. Lo valiente es equivocarse, y seguir. Es caerse, y volver a intentarlo. Es perderse, y poco a poco encontrarse. Es cuestionar la mentira, incluso cuando es más cómoda.

Nos están exigiendo que cambiemos un mundo que ni siquiera hemos construido. Un mundo lleno de errores que vienen de antes. Y aún así, lo estamos intentando. Con creatividad, con pensamiento crítico, con sensibilidad.

Para finalizar me gustaría decir que este trabajo va de cuestionar la verdad, de analizar cómo nos manipulan, de darnos cuenta de que incluso lo que parece más evidente puede estar contaminado por intereses. Y por eso me siento tan orgullosa de haber participado en él. Porque siento que, aunque sea con un pequeño texto, hemos aportado algo, hemos demostrado que los adolescentes no somos tontos, ni ingenuos, ni pasivos. Somos el presente, no solo el futuro.

LEIRE ROLDÁN SANZ, 17 años.

Me disculpo de ante mano por la manera tan caótica que tendré en escribir al exponer mi experiencia, porque como no sé explicarte mis ideas, darte argumentos, o relatarte acontecimiento como para enfocarme en ser entendida, me tomo el lujo de abrirme sin pautas, aunque quizás eso me lleve a enredarme o perderme.

Sería algo muy tonto y de "sabelotodo", empezar diciéndote que me he encariñado de la filosofía porque desde siempre me he hecho preguntas. Como si otros no lo hicieran a día de hoy. ¿Quién no lo hace? Somos seres humanos, nos viene por propia naturaleza el querer conocer. Y ya no solo eso, sino el querer saber.

Si bien estos dos verbos pueden tener un significado sinónimo e incluso muchas otras personas tomarlo como palabra sinónima completa, para mí no lo son. Y es necesario explicarte mi propio entendimiento de las cosas para que no se me malinterprete. Cosa que no soporto. No es por ti, es por mí, que no me gusta darme a percibir de manera errónea. Si me doy a percibir de mi manera más adecuada, pero se toma como algo distinto, allí yo no tengo nada que ver.

Mi saber es mi entender, entender cómo van las cosas. Y aquí viene algo que me caracteriza: los ejemplos. Si te pregunto si sabes lo que es una manzana, me refiero al todo de la manzana: los colores que puede tener, notas, composición… pero más allá, la esencia. Además de su forma, que es lo más obvio, lo primero que se te pasa por la cabeza cuando te preguntan por una manzana. A esto último, yo lo llamo conocer (y quizás sea mundialmente también así, o no, no sé lo que hay por ahí, ni creo querer saberlo para mostrarte mi pensamiento. Yo hablo desde mí y en mí. Pues creo que me perdería): "¿Sabes lo que es una manzana?" "Una fruta de tal forma que nace de tal árbol y puede tener tal color". Conoces la manzana, mas no sabes de ella porque no conoces su interior (y no me refiero a sus semillitas): lo que le hace ser manzana más allá de su apariencia. ¿Es como es por su apariencia, o su apariencia es como es por cómo es?

Los humanos, aparte de querer conocer, queremos saber. Si nos presentan un objeto que jamás hayamos visto pero nos lo presentan, hasta ahí ha llegado todo, ya lo conocemos, ya surge a cuenta propia si querer saber qué es o no. Si nos presentan un objeto que jamás hayamos visto y sin explicación, lo curiosearemos, y lo haremos de tal manera y a tal punto, que se vuelva "real", con identificación, incluso sin tener nombre. Ya sabemos.

A lo quiero llegar con esto es que, el hacerme preguntas no es algo que me haga especial, dudo tener algo que me haga especial. Millones y millones de personas lo hacen. Pero soy Andrea, y en mis propias preguntas me descubro, descubro cosas, aunque ya para otros sean obvias, aunque para otros no hayan sido ni planteadas. Mi propio descubrir. Qué cosa tan bonita. Reconozco que la hago y se vuelve amiga. También pienso que pensar ("metapensamiento" - no sé si exista eso, pero para mí ahora sí - y para ti, persona que lees esto, también, ya no se puede borrar - acuérdate de mí-) es malo, pero lo malo no es pensar: a día de hoy he llegado; es pensar para dejar de hacerlo. Sí, eso es malo.

Siempre he tenido la pesadez; sí, pesadez, porque si bien me ha traído cosas buenas en mi apenas corta vida, es un arma de doble filo. No me sacia conocer, quiero saber. ¿Lo malo? Parece ser que hay cosas que no se pueden más que conocer y no me cabe eso en la cabeza, no quiero saber que no puedo saber, aunque lo conozca. Y se nota mi frustración en el fondo esperanzadora, hasta en cómo me expreso.

¿Cosa mala-buena o buena-mala? Plantea oportunidad de dar rienda suelta a mi pesadez, y con ella me apunto. Y así fue.

¿Una oportunidad para conocer cosas, pensarlas y querer saberlas, además de poder plasmar lo mío "propio"? (pues nada es mío propio debido a lo poco o mucho que sé en algunos ámbitos. La única forma de llamarlo mío propio, sería haber crecido sin conocer. Ya sea antes o después de saber). Allá que vamos, cueste lo que cueste, porque si sale mal o sale bien, al menos hay anécdota. Gran palabra para mí. No solo por su significado (que también), sino por cómo suena, y lo que lleva.

Como ya se ha relatado anteriormente, pocos días, poco tiempo, pero con ganas. Y eso es lo que obviamente mueve: las ganas, ganas de conocer, saber, decir, hablar, ganarse, enorgullecerse. No son solo las ganas de llegar a una meta, sino las ganas de ponerse una, y ya luego querer llegar. Llegamos, ganamos al ponernos una meta, ganamos en ganar nuestra propia meta. Satisfacción.

Quizás por ello somos seres que se proponen cosas, que tienen pensamientos más allá de los estímulos.

Pero también por ello nos perdemos, no por proponernos cosas, sino en tener pensamientos de propósitos. Se llega a querer tanto que en vez de elegir entre distintas cuerdas, resulta que las cuerdas están enredadas, enredándote a ti, por encima de ti.

Y esa sensación aparece en muchos casos, o tiene momentos de dejar de serlo. La cuestión es que así estaba yo, por desgracia o por suerte quiero conocer un poco de todo. Y me topé con ella, quizás fue gracias a que nos presentaron, la conocí y quise saber de ella: Filosofía.

Hay cosas por conocer, o cosas que seguir preguntándose ¿por qué si quiera tener que planteárselo? Hay que hacerlo.

Gracias mente por pensar, gracias filosofía por ser quien no encasilla y no acaba, gracias circunstancias, gracias anécdotas, gracias decisiones, gracias gente por pensar, gracias Federico por mostrarnos la invitación de nunca dejar de pensar. Gracias.

ANDREA VARGAS MUCARZEL, 18 años.

Mi primera experiencia con la filosofía fue en cuarto de la ESO. Todo el mundo decía que a mí me iba a gustar mucho, pero la experiencia no fue muy buena. El profesor de Filosofía se dio de baja una y otra vez, y lo único que consiguió fue que tuviésemos cinco profesores en todo el curso y diéramos cinco veces los presocráticos y el mito de la caverna. En primero de bachillerato pensé que me gustaría un poco más, pero nos tocó el mismo profesor que en cuarto y se siguió dando de baja. Este año fue mucho peor. Llegó un sustituto decidido a que le odiásemos a él y a la asignatura. Yo llegué a aborrecer la asignatura. No entendía nada, llegué a un punto en el que ni siquiera lo intentaba, y suspendí la filosofía de primero. Me esperaba algo horrible para segundo, tanto como de profesor como de temario, aunque pensé que quizá como era historia de la filosofía me gustaría un poco más que la lógica, a la cual cogí trauma en primero. Pero entonces llegó el profesor de segundo, por fin no era el mismo que el de cuarto y primero. Llegó Federico, que con su manera de hablarte de los filósofos hacía que quisieses saber más, entender su manera de pensar. Para mí eso es un buen profesor, alguien que te haga querer aprender sobre algo, interesarte, alguien que haga que quieras saber. Gracias de todo corazón por todo lo que nos has enseñado este curso, no solo de filosofía. Me has abierto una asignatura que yo tenía cerrada y escondida, tanto que incluso me he planteado estudiar filosofía, quien sabe. No sé si me dedicaré a ello en mi futuro, pero sé que no se me olvidará Platón nunca.

Federico nos expuso el concurso de filosofía enseguida, diciendo que él ya había ganado hacía un par de años. Yo me apunté enseguida, pensé que quizá podría subir nota, además, llevaba un buen curso y parecía que no se me daba tan horrible como pensaba la asignatura, y la sola idea de publicar un libro me convenció instantáneamente.

La idea del concurso se quedó estancada, ya que Federico tuvo que estar un par de meses de baja por problemas de salud. Cuando volvió quedaban diez días para entregar el trabajo, y nosotros estábamos de finales. La mayoría de la gente que había dicho que se quería apuntar se retiró porque estaban muy ocupados con los exámenes y no daba tiempo. Los que quedamos no sabíamos si seríamos capaces de sacarlo adelante, yo tenía mis dudas. Después de terminar los exámenes quedaba una semana, y quedamos todos los recreos y todas las tardes a escribir, estamos a contrarreloj. A mí me costó un poco coger ritmo y empezar a escribir. No sabíamos hasta dónde llegaríamos, pero nos esforzamos lo que pudimos, y yo estoy muy orgullosa del trabajo que ha salido.

El día que fuimos al concurso yo iba sin ninguna esperanza de ganar, iba a pasar el día. Cuando llegamos a la universidad y nos sentamos y vi a tantos jóvenes como nosotros, me impuso mucho. Llegó el momento de dar los premios, y cuando no dijeron nuestro nombre ni en el segundo ni en el tercer puesto di por hecho que ya estaba, que no nos iban a dar el primer puesto, pero no estaba decepcionada, porque había sido una experiencia tan bonita que me daba igual ganar y perder. Cuando dijeron nuestro nombre me quedé en shock, de verdad que no me lo esperaba. Fuimos a recoger el premio y me temblaban las piernas.

Estoy muy orgullosa de lo que hemos conseguido, si hubiésemos perdido creo que estaría igual de orgullosa.

Nunca olvidaré esta experiencia tan bonita, y ahora que nos graduamos, y que nos vamos del instituto, que quieras o no es un lugar seguro en el que estamos años, ahora que el futuro asusta y es más borroso que nunca, sé que no he desperdiciado estos años de bachillerato. Sé que me acordaré toda la vida del libro que escribimos de filosofía, de las tardes quedando para escribir, de cuando dijeron nuestro nombre en el concurso, de lo mal que lo pasé en primero con esta asignatura preciosa y de lo bien que me lo he pasado en segundo. Y sé que nunca me olvidaré de este trabajo precioso.

Y por último quiero volver a dar las gracias a Federico, gracias. Eres un profesor maravilloso y sé que siempre te llevaré en un huequito del corazón. Eres un hombre admirable, y si abres tu escuela de filosofía no sé si yo, o mis hijos, pero sé que irán ahí, porque con lo que tú trasmites, aunque esta sociedad empiece a apartar la filosofía que es tan necesaria, merece la pena oírte enseñar. Gracias.

CARMEN PRUDENCIO BIENAYAS, 17 años.

Nunca me había gustado la filosofía, para mí era una asignatura que aprobaba con un cinco fácilmente, pero en la que ni prestaba atención. Este año me había planteado la asignatura de la misma manera y de hecho el primer trimestre fue así, después, llegamos a la parte de filosofía medieval y me empezó a interesar y a llamar la atención, empecé a atender más en clase y las notas empezaron a subir. Nuestro profesor nos propuso al principio del curso presentarnos a un trabajo y le dijimos que sí, pero Federico se tuvo que dar la baja. A un mes de la fecha límite para presentar el trabajo nuestro profesor seguía sin venir y estábamos muy perdidos, al cabo de unas semanas por fin llegó Federico, quedaban dos semanas para entregar el trabajo y justo nos pilló en la semana de finales. Federico pensó que no lo íbamos a querer hacer, pero entre Andrea y yo le convencimos. Quedaba una semana, y nos pusimos manos a la obra, cada uno empezó a escribir el tema que más le llamaba. La política y la posverdad se convirtió en nuestro tema favorito al que le dedicamos mucho tiempo, un problema real que afecta sobre todo a las personas de nuestra edad. Federico nos guio durante todo el proceso, nos ayudó y dio ideas e hizo lo que yo creía imposible, hacer que chavales de 18/17 años se interesaran por la filosofía como nosotros lo hicimos. Con toda la ilusión mandamos el trabajo en el que nos atrevimos a ir más allá de los guiones que nos mandaron los organizadores del concurso. Y finalmente allí estábamos cinco personas de un instituto de un barrio de Toledo yendo a San Dámaso a conocer a los otros participantes que eran de institutos muy prestigiosos y privados. Llegados a este punto no teníamos tantas esperanzas de ganar como las que traíamos durante el viaje. Pasamos una mañana muy entretenida e interesante hasta que llegó el momento de conocer a los ganadores, el tercer premio para San Mateo, el segundo para Infantes de Toledo y… ¡¡el primer premio para nosotros!!, ninguno lo creía y estallamos de alegría, nuestro trabajo había sido elegido por el jurado como el mejor de todos los trabajos que se habían presentado.

Principalmente todo lo que hemos conseguido ha sido gracias a nuestro profesor que a través de sus clases ha hecho que nos interese la filosofía y ha conseguido que abramos los ojos ante una realidad que no es real, y es tan conformista que no se busca más allá de lo que se nos dice. Por otro lado, también, gracias a mis compañeros que en ningún momento tiraron la toalla y siguieron adelante, con el objetivo claro de ganar ese premio y escribir este libro.

Mientras hacíamos el trabajo las preguntas de mi familia eran si de verdad me inquietaban ese tipo de temas, y realmente lo que me pregunto yo es cómo hay gente a la que no le inquieta algo y principalmente cómo hay gente que no se inquieta cuando se habla de un futuro político. ¿A quién vas a votar cuando seas mayor?, esa es la pregunta de excelencia de nuestros padres, abuelos, tíos, etc, y realmente es una gran pregunta porque yo me siento engañada por todos y cada uno de ellos, no creo que haya un solo político que durante una campaña promete alcanzar la luna y cuando gane las elecciones no haga lo prometido. No les preocupa mentir a sus votantes siempre y cuando ganen.

En este libro queda plasmado que no todos los adolescentes no se preocupan por problemas que nos afectarán en el futuro, y que hay gente como nosotros cinco que queremos un futuro en el que no estemos engañados y en el cual seamos representados por unos políticos que realmente nos representen y nos guíen a través de la verdad y no del engaño. Y como nosotros hay muchos adolescentes que tienen inquietud en descubrir que hay a través de lo que se ve en las redes sociales. Por eso esperamos que después de leer este libro no se generalice cuando se hable de que las nuevas generaciones se creen todo lo que aparece en las redes sociales y que no nos enteramos de nada.

MARÍA RUEDAS PÉREZ, 17 años.

Tomar la decisión de escribir este trabajo fue un poco complicado. Siendo alumnos de segundo de bachillerato no tenemos mucho tiempo entre exámenes y tareas, sin contar que teníamos diez días para hacerlo, o intentarlo. A pesar de todos los contratiempos que tuvimos, logramos terminarlo a tiempo. Quedábamos en los recreos, por la tarde, cada uno escribía también desde su casa… Este trabajo nos ayudó a saber qué si te propones algo y le pones mucho empeño lo puedes conseguir sin importar los problemas que se te atraviese en el camino.

Lo que me llamó la atención sobre escribir este trabajo fue el aspecto político, ya que al venir de Venezuela y conocer cómo una dictadura puede destruir por completo a un país sin importarle manipular a los ciudadanos me ayudó a interesarme en el trabajo, más que todo para mostrar cómo ve una parte de la política un joven de 17 años. Contar cómo he sido testigo de un gobierno que puede dañarle la vida a muchas personas, destruir los sueños a los jóvenes, separarlos de sus familias y amigos, y, sin ellos poder hacer nada.

Nunca había tenido contacto con la filosofía hasta que llegué aquí, ya que en Venezuela no se estudia. Yo pensé que nunca me iba a gustar, pero al llegar a España y que nuestro profesor, Federico, me mostrara lo interesante que puede ser esta asignatura, me hizo interesarme en ella y a escribir en el trabajo. Aunque la escritura no sea lo mío. El trabajo me ayudó a entender también que a pesar de que la filosofía sea compleja, si te gusta y te apasiona es muy emocionante. Estar con otras personas que también les apasione esta asignatura, y estar debatiendo un tema por horas, y de ese tema sacar uno nuevo y seguir la conversación te enseña los distintos puntos de vista de cada uno, que pueden ser completamente distintos uno del otro, y eso es lo interesante, lo que te atrapa y te hace querer seguir explorando esos temas.

Le tengo que agradecer, aparte de a mis compañeras, a Federico. Gracias por enseñarme cómo es verdaderamente la filosofía, por ayudarnos a entenderla de la mejor forma, por motivarnos a seguir escribiendo sin importar lo que pasará, sí ganábamos o no, eso era lo de menos. Y sobre todo por lo más importante, por convertirse en un maestro para nosotros.

ROBERT ALEXANDER PORRAS ORTIZ, 18 años.

Querido lector:

Primeramente, gracias por leer este libro que hemos hecho con tanto esfuerzo. No ha sido un camino fácil llegar hasta aquí, ya que en apenas una semana y media hemos tenido que acabar nuestro trabajo.

Ha sido una experiencia bastante divertida y al mismo tiempo estresante; tener la incertidumbre de no saber si íbamos a terminar ha tiempo el libro ha sido un quebradero de cabeza.

Me incorporé a este proyecto cuando mi profesor de valores, Federico, me propuso ir a ver en ese mismo recreo cómo trabajaban en el trabajo algunos compañeros de bachillerato. Acepté, pero dudaba de que fuese de mucha ayuda, porque en lo personal nunca me ha llamado mucho la atención la filosofía y nunca llegaba a entender del todo cómo funciona esta disciplina. Una vez que me dieron acceso al trabajo, me planteé la idea de aportar mi granito de arena y ayudar un poco. Cuando se lo propuse a Federico no me puso ninguna queja, pero me dijo que no sabía aún si podría figurar en el trabajo, ya que este estaba destinado sólo para alumnado de segundo de bachillerato. Esa misma noche comencé a escribir. Fue bonito, porque sabía que a través del trabajo podía dar mi opinión sin ser juzgada. Sin embargo, las dudas no tardaron en invadirme; me sentía como una oveja negra. Pero tuve la suerte de tener unos compañeros maravillosos, que me acogieron desde el primer momento.

Días antes de la entrega, nos comunicaron que sí podría figurar en el trabajo. Eso me puso muy contenta. De hecho, el día que nos iban a hacer la foto del trabajo, estaba muy nerviosa y sentí la necesidad de que todo fuera perfecto, por lo que estuve toda la mañana preparándome.

No pude reunirme con tanta frecuencia con mis compañeros, ya que las tardes las tengo bastante ajetreadas, y mucho menos pude asistir a la entrega del premio. Me encantaría haber podido asistir a todo, pero agradezco haber estado informada en todo momento.

El día que Federico me comunicó que habíamos ganado el primer premio no me lo podía creer. Una felicidad instantánea se apoderó de mí. Tanto esfuerzo no había sido en vano. Estaba muy orgullosa de todo el trabajo que habían hecho mis compañeros, y por primera vez en mucho tiempo me sentía realmente bien.

Ha sido una experiencia llena de emociones y me ha ayudado a escapar de la rutina. Gracias a esto, el instituto se ha convertido en algo divertido, ya que últimamente ir se estaba convirtiendo en una pesadilla: las clases se me hacían muy aburridas, no encontraba un lugar en mi clase y me sentía triste. Recuperé esas ganas de ir cada día y me animó bastante. También me ha servido para aprender que no solo se aprende memorizando un mero libro de texto, sino que hay mil maneras más de hacerlo, que hacen que el aprendizaje sea divertido y mucho más lúdico

Me he sentido escuchada. Muchas veces la opinión de los adolescentes nunca se toma en serio, pero aquí era libre de decir lo que me parecía correcto o no, lo que pensaba, cómo me gustaría que fuese todo, y además nadie me juzgaba, al contrario, me escuchaban y felicitaban.

Es una experiencia que recomiendo a todo el mundo, ya que a partir de ella he aprendido muchas cosas: Nunca debemos tener miedo de compartir nuestra opinión y mucho menos de ser juzgados por ello. La edad es un número, y todos podemos llegar a grandes cosas desde pequeños. Por muy pequeña que sea tu aportación, siempre será importante, ya que, a base de granitos de arena, podemos llegar a hacer una playa. Debemos ser pacientes, porque todo llega, independientemente de que tarde más o menos tiempo, pero siempre termina por llegar. Por último, pero no por ello menos importante, el trabajo en equipo es fundamental para llegar a grandes logros; en una sociedad que cada vez se vuelve más egoísta, tenemos que aprender a aceptar la mano del prójimo, ya que, como dijo Aristóteles, *el todo es más que la suma de sus partes*.

Solo me queda agradecer a todos por hacer esta experiencia inolvidable: gracias a mis compañeros, Andrea, María, Robert, Carmen y Leire, por incluirme como una más; gracias, Federico, por confiar en mí y darme esta oportunidad tan maravillosa; y gracias Paula, porque aunque no has podido participar, me has acompañado en este camino.

Muchas gracias por todo, y como ya lo dijo Platón: *la gratitud es la memoria del corazón*.

MARINA TOLEDO SERÍ, 13 años.

SEGUNDA PARTE: EL TRABAJO

MUNDO FALSO:
EN BUSCA DE LA VERDAD
EN LA ERA DEL ENGAÑO

1. INTRODUCCIÓN

Nos mienten y lo sabemos. No somos tan ingenuos los jóvenes como para no darnos cuenta. El problema es que nos sentimos encerrados en un círculo del que no sabemos ni podemos salir. La falsedad está desparramada por todas partes, pero no parece importar. Es decir, nunca pasa nada. Se termina admitiendo y ya está. Parece que es un hecho más. Pero no es así.

Queremos alzar la voz, aunque no sea más que en un trabajo como este, para que alguien sepa que los jóvenes también amamos y buscamos las cosas verdaderas, que nos encantaría un mundo donde uno se pudiera fiar con más facilidad, sin sospechar a cada segundo que nos la están "colando". Nos indigna vernos prisioneros, quisiéramos salir, pero tampoco encontramos toda la ayuda que necesitaríamos.

En la actualidad, determinar la veracidad de una información puede parecer más sencillo que en épocas o situaciones anteriores. Y si bien así podría haber sido, hoy nos encontramos con demasiada información y demasiados puntos de vista sobre qué es cierto en verdad o qué no. Percibimos que vivimos en un mundo en el que la mentira está tan normalizada que no pasa nada.

Es increíblemente triste ver lo avanzada que está la sociedad, los medios de comunicación, periódicos… hay fuentes de información por todas partes y aun así, es igual de complicado saber la verdad ahora que hace 70 años. Hay tanta información por todas partes que es sumamente difícil diferenciar entre realidad o mentiras. Es tan sencillo como inventarte algo, subirlo a redes sociales y esperar a que se popularice. Hay tanto descontrol y desinformación en internet que ya no se buscan fuentes.

Intentando buscar la respuesta a una pregunta mediante Internet, te das cuenta de cuántas opiniones hay, algo que parece ser una confirmación del estado de tu duda, pues la respuesta se da siempre con matices, lo que puede convertir un "sí" en un "depende de", o una niebla espesa de interpretaciones. Y, en fin, depende de donde se haya buscado, ese "sí" será más ladeado hacia una visión o hacia otra. Por lo que al final podemos simplemente terminar buscando la versión que más confirme nuestra posición previa (prejuicio), con lo que en vez de acercarnos a la verdad nos habremos alejado más de ella.

Hay tantos datos sobre la realidad, tanta invasión de versiones diferentes, que en vez de contribuir a tener certezas se nos sumerge todavía más en la duda de la que quisiéramos salir. Lo que produce una paradoja: buscando información para tener claridad lo que obtenemos es más confusión.

Se habla de una verdad que es más individual que colectiva; una verdad que para ser tal debe presentarse a nosotros con sus características propias: verdadera, pura e innegable. ¿Pero en realidad de dónde se saca esa verdad? ¿Se "consigue"? ¿Está ahí? ¿Encuentras la verdad o acaso la creas?

Todos, absolutamente todos los seres humanos, tenemos distintas opiniones, puntos de vista, gustos y preferencias. Esto es lo que sale de nosotros hacia la realidad que nos rodea. Por esto mismo, es prácticamente una tontería decir que cada uno se queda de la realidad sólo con aquello que le conviene. Parece obvio. No es como algo que se elige por gusto sin más, sino que es la realidad la que queda impregnada en nosotros haciendo que seamos según es ella. Lo que de ella tenemos en nosotros no lo hemos puesto en ella, sino que nos ha sido dado.

¿Quién prefiere una mentira a una verdad? Es cierto que la opinión es la de preferir vivir en una mentira feliz antes que una verdad cruel, pero ¿por qué solo dos opciones? Ambas opciones se sitúan en los extremos, pero entre ellos hay muchas más posibles combinaciones. Es como una receta de arepas: agua y harina de maíz precocida; da igual si haces una masa buena, agua con una pizca de harina o harina con una gota de agua, los ingredientes son los mismos. Una verdad y una mentira, una mentira siendo consciente de su naturaleza, una verdad cogiendo parte de la mentira, una mentira queriendo una verdad, pero ¿una verdad queriendo una mentira? La mentira puede ser feliz, pero también cruel; y la verdad puede no ser siempre algo doloroso.

Hay gente que según conoce una verdad desea no haberla conocido, pero es por su trasfondo, a causa de sus consecuencias o de sus causas, no de la verdad. Además, esa verdad ¿es verdad?, el concepto de verdad está perdido, o más bien, ¿alguna vez lo estuvo? ¿Es verdad sólo aquello que tomamos como verdad? La verdad es algo tan humano que no puede ser certero al 100%; se acaba limitando a algo tan volátil y efímero, que no se sabe si son verdades momentáneas o mentiras pasajeras. ¿Y una verdad que no pase nunca?

La verdad debería tenerlo todo, pero para no ser posible en la experiencia. Antes se tomaba algo como verdad con más facilidad porque alguien sabio lo tomaba así. No se tomaba "la verdad", se tomaba "su verdad" (falacia de la autoridad).

Ahora cada quien busca "su verdad" en "la verdad". Muchas veces se ha pintado una verdad universal que quizás nunca estuvo, y quizás nunca estará, aunque tenemos la necesidad de saberlo. Esta es nuestra contradicción, es algo demasiado humano, y nada humano es eterno por mucho que se quiera creer y se acepte como forma de no sentirse tan insignificante.

La verdad es necesaria, aquella verdad innegable, pero no puede haber una verdad innegable entendida por el ser humano, aunque entendamos que la hay. Los perros no ven ciertos colores, y no podrán verlos por ellos mismos jamás (al menos la especie de ahora, sin modificaciones futuras para que puedan hacerlo o evoluciones naturales, pues ya no serían los mismos perros que ahora. Nos tenemos que referir a lo que tenemos ahora, que es lo "palpable"); nosotros humanos tenemos verdades propias, y eso no significa que no haya una verdad innegable e universal: la hay, pero no la podemos percibir completa. Y si no la hay, queremos creer que sí.

Nadie mejor que un gran poeta para expresarlo. Recurrimos a nuestro Antonio Machado.

> *¿Tu verdad? no, la Verdad;*
> *Y ven conmigo a buscarla.*
> *La tuya, guárdatela.*

Es tan complicado distinguir la verdad entre tanta mentira que empezamos a creer que no existe. Esto es un error, la dificultad o imposibilidad de encontrar una verdad no implica necesariamente que ésta no exista. El hecho de que algo sea difícil de descubrir o entender no significa que no haya una realidad objetiva y subyacente. Muchas veces, la verdad puede ser compleja, subjetiva, o requerir una perspectiva amplia para ser comprendida en su totalidad.

No necesariamente todo lo que digamos que es ¨verdad¨ lo será. La verdad, en su sentido más objetivo, no depende únicamente de nuestras opiniones o percepciones, aunque éstas realmente sí juegan un papel muy importante en cómo entendemos o interpretamos esta ¨verdad¨. Existen muchas formas de verdad: las objetivas (como los hechos científicos), y otras subjetivas (como las experiencias personales), ambas coexisten en el mundo.

La verdad puede ser un concepto complejo que no depende solo de lo que creemos, pero sí de cómo llegamos a entenderla y descubrirla.

2. ORIGEN DEL TÉRMINO. PRESENTACIÓN DEL PROBLEMA

La información, la verdad, ha evolucionado mucho con el paso del tiempo. En la edad media prácticamente nadie sabía leer, y mucho menos escribir. Las noticias que te llegaban eran porque las oías, te las contaban.

En tiempos de nuestros abuelos, había más gente que estaba alfabetizada, pero la gran mayoría aún no sabía leer y escribir. No había televisiones y la censura de la dictadura hacía muy difícil conocer lo que estaba pasando. Todos se informaban de oídas, o de periódicos totalmente manipulados y censurados.

Poco a poco, la gente empezó a ser más culta. Ya había periódicos y televisión sin censura, hasta el día de hoy. Es increíblemente triste ver lo avanzada que está la sociedad, los medios de comunicación, periódicos, hay fuentes de información por todas partes y aun así, es igual de complicado (o a veces aún más) saber la verdad ahora que hace 70 años. Hay tanta información por todas partes que es sumamente difícil diferenciar entre realidad o mentiras. Es tan sencillo como inventarte algo, subirlo a redes sociales y esperar a que se popularice. Hay tanto descontrol y desinformación en internet que ya no se buscan fuentes, no se busca la verdad. Y es aquí, en este momento, donde nos sale al encuentro la palabra "posverdad". Así se nos ha propuesto para la reflexión en el congreso "Piensa luego existe".

Pero ¿qué es la posverdad?

En el diccionario de la RAE se define así: "distorsión deliberada de una realidad, que manipula creencias y emociones con el fin de influir en la opinión pública y en actitudes sociales." El término se hizo tan famoso que en el 2016 el diccionario Oxford lo nombró palabra del año[1]. El origen del término posverdad, o *post-truth*, en inglés, de acuerdo con el diccionario de Oxford, se empleó por primera vez en 1992. Lo hizo el dramaturgo serbio estadounidense Steve Tesich, en un artículo publicado en la revista *The Nation*[2]. En el artículo, Tesich decía: "Lamento que nosotros, como pueblo libre, hayamos decidido libremente vivir en un mundo en donde reina la posverdad."

En 2004, el término de posverdad encontró un cierto desarrollo conceptual gracias a Ralph Keyes, quien usó el concepto «era de la posverdad» en su libro *The post-truth era: dishonesty and deception in contemporary life*. Ese mismo año, el periodista estadounidense Eric Alterman habló de un «ambiente político de la posverdad» y acuñó el término «presidencia de la posverdad» en su análisis de las declaraciones engañosas o erróneas de la Presidencia de George W. Bush tras los atentados del 11 de septiembre de 2001[3].

Como podemos observar, el término se relaciona directamente con la política. En el libro de Ralph Keyes, menciona que la gente está dejando de buscar la verdad. En una entrevista para la revista *Noticias* le preguntaron cuáles eran las consecuencias de que la sociedad deje de buscar la verdad, y este respondió: "Vamos a dejar de confiar unos en otros, porque ya no sabremos quién está siendo honesto con nosotros y quién no. Sospecho que las consecuencias de vivir en un mundo post-veraz se volverán cada vez peores si no se despiertan las conciencias.[4]"

---

[1] https://verne.elpais.com/verne/2016/11/16/articulo/1479308638_931299.html

[2] https://www.unav.edu/web/ciencia-razon-y-fe/la-era-de-la-posverdad-la-posveracidad-y-la-charlataneria

[3] https://ethic.es/2023/06/posverdad-bulos-y-patranas/

[4] https://noticias.perfil.com/noticias/general/2016-10-25-ralph-keyes-el-primero-en-describir-la-era-de-la-post-verdad.phtml

Un estudio de 2018 revela que el 70% de la gente tiene dificultad para distinguir entre una noticia falsa y una real[5]. ¿la gente está dejando de buscar la verdad? ¿Hasta qué punto nos importa si algo es verdad o mentira mientras nos contente?

¿Qué es la verdad exactamente?

Según la RAE es "la conformidad de las cosas con el concepto que de ellas forma la mente." Según Sócrates, la verdad se identifica con el bien moral. Según él, quien conoce la verdad, necesariamente actuará bien. El conocimiento era, para él, un bien moral en sí mismo. Afirmó por eso que «solo hay un bien, el conocimiento, y un mal, la ignorancia». Para Platón, discípulo de Sócrates, la verdad se relacionaba directamente con la felicidad, y ésta con el Bien y la sabiduría plena, es decir, la verdad.

Santo Tomás hace suya una versión aristotélica según la cual la verdad es la conformidad de la cosa con el entendimiento (*adaequatio intellectus et rei*). Pero Kant lo reformula, al decir que la verdad es "la correspondencia entre entendimiento y objeto" (Crítica de la Razón Pura A58/B82); no estamos dando una definición real, esto es, no estamos ofreciendo la esencia de la verdad, sino sólo algunas características del concepto. Como cuando te haces una foto y otro la recibe, ¿cómo de real, de verdadera, es esa foto? ¿Cómo de fiel es a mí o a mi esencia?

Pasamos a otro autor: Nietzsche. Nietzsche no creía que la verdad existiese, que era una invención humana, como veremos más adelante. Y así podríamos alargarnos sin parar, pero no es esta la intención que perseguimos.

La verdad ha sido un tema que infinidad de filósofos han tratado, pero para plantear el problema nos quedaremos con la definición general, la de la RAE.

---

[5]   https://www.fundssociety.com/es/noticias/private-banking/noticias-falsas-tienen-un-70-mas-de-probabilidades-que-veridicas-de-ser-compartidas/

Ya conocida qué es la verdad podemos volver al problema de la posverdad. Cada vez importa menos la verdad, cada vez la dejamos más de lado. No nos importa que nos digan la verdad, nos importa que lo que nos digan nos contente o nos baste. Es cierto que se trata de una cuestión emocional.

En la actualidad la verdad es menospreciada y tirada a un lado por una charlatanería arrogante. Políticos, medios de comunicación... Ya no importa buscar la verdad, importa convencer. Y a nosotros nos basta, y ese es el verdadero problema, que estemos dejando de buscar. Porque sin la verdad somos esclavos de un mundo sumido en las tinieblas, como en el mito de la caverna de Platón. Los prisioneros de la caverna no querían salir, fuese por miedo o por incredulidad, o por cobardía ante el mundo real, preferían vivir en la ignorancia antes que ver el mundo real: la luz de la verdad.

Ante todo esto nos preguntamos con preocupación si se trata de algo provocado o es simplemente el resultado de la estupidez humana multiplicada casi sin límite por los modernos medios de difusión. En este sentido nos hemos encontrado con un artículo curioso que propone modificar el término, en vez de posverdad decir posperiodismo[6], dando a entender que se trata de algo provocado por la labor deformada de un periodismo al servicio de intereses que nada tienen que ver con el servicio del que pretenden ser portadores.

Los periodistas tienen un código deontológico que debería marcar las líneas generales de su actividad. Según hemos encontrado, el artículo 2 de ese código dice así: "**el primer compromiso ético** del periodista es el respeto a la verdad"[7]. Si esto es así y sin embargo, la situación actual, como dice el artículo, está gobernada por la falta de criterio, algo está fallando. El propósito de la información parece estar al servicio de los números, y éstos al servicio del poder y del dinero. Esto nos

---

[6] https://ethic.es/2017/01/no-lo-llames-posverdad-llamalo-posperiodismo/
[7] https://casadelosperiodistas.com/asociacion/codigo-deontologico/

sitúa lejos de la verdad. Y nos indigna. El artículo que hemos citado dice también que por esto se buscan vías alternativas de información. Y aquí entran en escena las redes sociales. Con esto se remata la faena. Ya hemos entrado en el lugar donde jamás podremos distinguir nada de nada.

¿Qué hacer ante esto? Lo primero, ser conscientes del problema, que es a lo que queremos llegar en este trabajo. Y después, intentar encontrar nuestro puesto en este caos para lograr encontrar alguna luz que ilumine nuestro camino.

3. ALGUNOS ANTECEDENTES

3.1. La búsqueda socrática y la sofística

Es ya muy conocida para nosotros la búsqueda que Sócrates realizaba preguntando por toda Atenas, tratando de encontrar el secreto de las cosas justas, buenas, bellas... sin pensar para nada estar en posesión de ninguna verdad. Pero con un deseo insaciable de encontrarla.

Porque una cosa es saber que no se tiene la verdad, y otra muy distinta pensar que es imposible tenerla, o aún más, que no existe nada que podamos llamar verdadero, más que lo que nosotros decidamos que lo es. Y por ahí parece que iban las tesis sofistas, al menos en gran parte. A pesar de nuestra temprana edad sabemos ya cómo quienes tienen una aparente seguridad respecto del conocimiento pueden ser quienes más cerrados estén para buscar una verdad que no sea la suya, y quienes más se abren a la búsqueda reconociendo que no saben, tienen mucha mejor disposición. Da menos miedo no tener razón. Se tiene menos que perder. Y creemos que así era Sócrates.

Hay una frase en su defensa ante el tribunal que lo acusaba que manifiesta mucho de esto:

> Es probable que ni uno ni otro sepamos nada que tenga valor, pero este hombre cree saber algo y no lo sabe, en cambio yo, así como, en efecto, no sé, tampoco creo saber. Parece, pues, que al menos soy más sabio que él en esta misma pequeñez, en que lo que no sé tampoco creo saberlo.[8]

---

[8] Platón. "Defensa de Sócrates". Ed. Encuentro. Salamanca 2005. Traducción y comentarios de Miguel García-Baró.

Aquí se manifiesta la actitud socrática con respecto a la búsqueda, a diferencia de quienes están tan llenos de sí mismos que creen saber sin hacerlo en realidad. Para quien así es, la verdad que importa es solamente la suya, que lo será mientras le beneficie. Pero quien realmente está dispuesto a todo por encontrar lo que realmente es, más allá de lo que decimos que es, está dispuesto a todo por encontrarla:

> Ahí tenéis, atenienses, la verdad y os estoy hablando sin ocultar nada, ni grande ni pequeño, y sin tomar precauciones en lo que digo. Sin embargo, sé casi con certeza que con estas palabras me consigo enemistades, lo cual es también una prueba de que digo la verdad, y que es ésta la mala fama mía y que éstas son sus causas.[9]

Una prueba de la verdad socrática es que con ella consigue todo lo contrario de lo que logra quien se sirve de ella para sus propios fines y propósitos. Tal vez la palabra verdad es de las que más aparece en esta dramática obra de Platón, maravilloso homenaje a su maestro, y elocuente defensa de la verdad. Ser capaz de perder la estima, de ser perseguido y ganarse la enemistad antes que traicionar la verdad es una prueba de la autenticidad de quien la defiende.

En Sócrates nos encontramos un camino que es plenamente actual, y en los sofistas lo mismo, pero en la otra dirección. ¿Podríamos decir que la sofística ha logrado triunfar a lo largo de la historia? ¿Se manifiesta hoy en la forma de la posverdad? ¿Se echa de menos más socratismo? Nosotros sí lo pensamos. Necesitamos recobrar la valentía y la sencillez de quien no cede ante el engaño y las falsas promesas de los intereses, al servicio de lo que Nietzsche llamará más tarde la "voluntad de poder". Nosotros nos sentimos llenos de voluntad de verdad. Más aún, de anhelo y deseo de verdad.

---

[9] Op. Cir. Pág.

En realidad estamos ya saturados de tanta verborrea y palabrería que disfraza continuamente todo de falsedad. No saber distinguir lo que es de lo que no; la realidad de la ficción; la razón de la sinrazón; lo verdadero de lo falso… genera mucha frustración. Sobre todo si no se conforma uno con lo que le muestran los demás para que se lo trague sin más.

3.2. La espada del escepticismo

Cuando se produce esta saturación es fácil que empecemos a pensar que nada es posible, que no es posible distinguir verdad de no verdad, que lo único que cada cual puede hacer es pasar su vida lo mejor posible y no preocuparse demasiado. Así lo proponían escuelas como el estoicismo y el epicureísmo. No les faltaba cierta razón. Pero junto a ellas podía crecer la semilla de la más grande de las desconfianzas: el escepticismo. En España tenemos un dicho que dice "habla chucho que no te escucho", que resume muy bien la actitud de quien por hartura decide pasar de todo. En filosofía se dice de un modo más técnico, y da lugar lo que se llama la "suspensión del juicio" (en griego ἐποχή - epojé). Se trata de no considerar nada como verdadero 100% porque no se puede hacer sin caer al final en algún tipo de contradicción.

Puede llegar a ser una postura muy lúcida, y muestra una gran habilidad lógica quien la representa, pues es capaz de llevar a paradojas cualquier seguridad respecto a la verdad del conocimiento. Pero pensamos que es una lucidez muy peligrosa, porque al final nos puede llevar a una especie de "pasotismo" que perjudica mucho la necesidad que tenemos de buscar respuestas a nuestras preguntas. Y la falta de sentido es una de las consecuencias que vemos en nuestros ambientes como resultado del triunfo del escepticismo. Ya no interesa buscar porque las grandes preguntas se han eliminado.

¿Pero se pueden eliminar esas preguntas? Pensamos que en realidad se ocultan para no machacar la cabeza. Es casi una necesidad, para vivir lo más razonablemente posible. De tanto buscar nos hemos cansado de hacerlo.

Cansancio, tedio. De tanto dar vueltas nos hemos mareado. Hay un libro del filósofo Byun Chul Han que se llama "La sociedad del cansancio" que describe muy bien cómo tanta confusión genera una situación en la que vamos casi arrastrándonos, sin alma vital, dejados llevar por lo que se nos propone sin más. Allí habla de algo esencial que desarrollará en otro libro posterior: la *vita contemplativa,*

> "que está ligada a aquella experiencia del ser, según la cual lo bello y lo perfecto son invariables e imperecederos y se sustraen a todo acceso humano. Su carácter fundamental es el *asombro* sobre el *ser-así* de las cosas, que está libre de toda factibilidad y procesualidad. La *duda* moderna y cartesiana reemplaza al *asombro*".[10]

Esta duda de Descartes no era escéptica, bien claro nos quedó en clase. Pero abrió la puerta al escepticismo moderno, más ácido que el antiguo. Más adelante, el filósofo coreano realiza una crítica de la tesis mantenida por Hannah Arendt en su obra "La condición humana" (obra que solamente hemos podido ojear por encima; nos atenemos a lo que dice Han en su librito), cuya tesis sobre la actividad humana nos ha parecido especialmente interesante,

> pues precisamente el énfasis de ser activo tiene mucho en común con la hiperactividad y la histeria del sujeto de rendimiento tardomoderno[11].

---

[10] Byung Chul Han. "La sociedad del cansancio". Herder. Barcelona, 2022. Pág. 36.
[11] Op. Cit. Pág. 46

Este exceso de actividad, en el que se nos mide por un rendimiento agotador, es el que constatamos en nuestras propias vidas. Y pensamos que en parte es responsable de que no nos paremos a preguntar con calma acerca de las cuestiones esenciales.

Bastante tenemos con tener una vida llena de ocupaciones y asuntos urgentes a los que atender. Lo demás termina por no importar. ¡Cuando se trata de las cosas más importantes! Nosotros, estudiantes de 2º de Bachillerato, tenemos la cabeza puesta en un examen que hay al final del curso, llamado ahora PAU, antes EVAU, no sabemos cómo se llamará después. Estamos pendientes de si podremos entrar en la carrera que queremos o no, si podremos hacer lo que realmente queremos, o si encontraremos lo que queremos. Pero con cierta sensación de que se nos está llevando de un lado para otro y que nuestro futuro de algún modo ya está escrito. Estamos demasiado ocupados haciendo cosas y cosas. No tenemos tiempo para plantearnos la vida que queremos. La verdad desaparece. Se impone la urgencia. Terminamos cansados. ¡Y tenemos 17 o 18 años! ¿Se puede ser escéptico con esta edad? Lamentablemente parece que sí. ¿Qué seremos cuando tengamos 50?

No queremos que esto sea una queja triste y llena de lástima, nos gustaría poder abrir caminos luminosos, pero nos cuesta ver cómo podemos hacerlo. Escribir esto ya es una manera de hacerlo, pero querríamos que fuera algo más visible, que nos permitiera de veras intentar crear un mundo más verdadero. Sabemos que esto se lleva intentando hacer desde hace siglos, que no hay manera de dar con la fórmula, y que cuanto más avanzamos en el confort de la técnica, más llenos estamos de control y de falsedad. Estamos demasiado bombardeados.

Este cansancio y esta saturación son campos abonados para la indiferencia ante cualquier cosa que se nos diga. Los maestros de la posverdad tienen el camino abierto. Si logran neutralizar nuestra sed de verdad, ya todo dará igual. ¿Qué más da? Mientras llegue a fin de mes, saque la nota que quiero, consiga mi carrera, pueda más o menos disfrutar de la vida y una multitud de cosas que me tendrán completamente entretenida, lo demás me dará igual. Será indiferente. Me enfadará mucho que intenten engañar, sabré que lo están haciendo, pero ya no podré hacer nada. Llegaré a pensar que las cosas pueden ser igualmente verdaderas o falsas según cambien los intereses, pues también los míos irán cambiando. Y dará igual. Por no señalarme, por no llegar a enemistarme con nadie, por no querer seguir la senda que abrió Sócrates. Mejor no señalarse, mejor elegir la pastilla azul de Matrix. Mejor seguir como se está. Todo puede empeorar. Mejor no se muevan.

3.3. La trituradora de Nietzsche: todo invención

Para entender la posverdad nos ha parecido necesario acudir a Nietzsche, pues creemos que es quien abre una de las puertas por las que muchos de los pensadores posteriores pasarán. En su juventud escribió una pequeña obra que se titula "Sobre la verdad y la mentira en sentido extramoral", donde marca unas líneas que después desarrollará a lo largo de su vida. Las reflexiones que siguen están sacadas de nuestro diálogo sobre esa obra.

Se quiere una verdad, se busca. Se busca porque se cree que existe, pues no podemos buscar algo que no existe, a menos que creamos que sí; entonces es una búsqueda en vano y sin final.

Buscamos una verdad, la gran verdad de todo, nadie quiere estar engañado conscientemente, pues inconscientemente llegamos a ser engañados por nosotros mismos al no querer creer/aceptar cosas sin siquiera plantear esa acción, o al querer creerlo innatamente. Cuando se usa la verdad como algo no buscado sino construido como un artificio se produce un engaño que produce un daño, y esto es lo que creemos que Nietzsche denuncia con cierta justicia:

Se hace esto de manera interesada sin que además ocasione perjuicios, la sociedad no confiará ya más en él y, por este motivo, lo expulsará de su seno. Por eso los hombres no huyen tanto de ser engañados como de ser perjudicados mediante el engaño; en este estadio tampoco detestan en rigor el embuste, sino las consecuencias perniciosas, hostiles, de ciertas clases de embustes.[12]

Si no hubiera esta verdad, como de hecho para Nietzsche no la hay ¿donde quedaría todo? Pues, según él, en la situación en la que nos encontramos.

Para él la verdad es algo humano, es tan creado por el hombre y tan propio suyo, que puede no haber una verdad "universal" sino que nosotros somos nuestra propia verdad-engaño.

Tomamos como verdades aquello encaminado a ser innegable, demostrado muchas veces, o que no puede ser falso en ningún caso. Esto nos recuerda un poco a la propuesta que realiza Karl Popper para comprobar la verdad de una ciencia, conocida como el falsacionismo: no es más cierta cuanto más se verifica sino cuanto mejor resiste los intentos de demostrar su falsedad. En este sentido, Nietzsche está proponiendo una enmienda a la totalidad, y tenemos que preguntarnos si la verdad será capaz de resistir sus embestidas.

Buscando una verdad de la que no sabemos su existencia, ni si es posible su verificación, pero sabiendo que queremos saber (y no podemos evitar quererlo) qué es lo más puro y real (y a eso es a lo que hemos llamado *verdad*); y en su búsqueda es como si subiéramos una escalera en la que vamos creando sus escalones con nuestro propio intelecto para llegar arriba: "caminante, no hay camino, se hace camino al andar", diría Machado. Como un perro que persigue su propia cola para atraparla, pero avanza sin avanzar, es decir, sin salir de sí mismo. Da vueltas sobre sí mismo, pero quizás empezó

---

[12] Nietzsche, F. "Sobre la verdad y la mentira en sentido extramoral". By Amazon Italia Logistic.Pág. 6

en la zona derecha y ahora se encuentra en la izquierda. Una locura.

Y eso no quiere decir que no lleguemos a ningún lado. No. Llegamos a muchos lados, pero fabricados por nosotros mismos, o colectivamente. Esto es a causa de cómo somos los seres humanos, que no podemos evitar buscar una verdad más allá de la nuestra, pero lo hacemos empleando instrumentos, formas y técnicas propias que nos encierran más en nosotros, pues no podemos conocer ni conocemos cómo ir más allá de nosotros mismos.

> ¿Qué es entonces la verdad? Una hueste en movimiento de metáforas, metonimias, antropomorfismos, en resumidas cuentas, una suma de relaciones humanas que han sido realzadas, extrapoladas y adornadas poética y retóricamente y que, después de un prolongado uso, un pueblo considera firmes, canónicas y vinculantes; las verdades son ilusiones de las que se ha olvidado que lo son[13].

¿Son esas verdades menos verdades que la verdad que se busca? Son verdades. Verdades en distintos ámbitos. Si buscáramos compararlas, una perspectiva superior y universal tendría mayor realidad y veracidad, en cuanto globalizante, que algo creado por uno mismo para su propio entendimiento y finalidad.

Para las hormigas una miga de pan que se encuentran en el camino es todo lo que pueden saber de ese alimento, pero para nosotros es sólo una "miga de pan", y así la llamamos y no toda la realidad "pan"; entonces, ¿de quién es la verdad? Una (la hormiga) tiene "su" verdad y le es suficiente con ella, y nosotros tenemos la nuestra. En ambos casos cada cual tiene su potencial de verdad desarrollado conforme a lo que es.

Es un error tomar como cierto el punto de vista, la opinión y la verdad del ser humano como los realmente universales,

---

[13] Op. Cit. Pág. 12

cuando cada verdad no puede dejar de ser particular, en tanto que parcial. Pero al existir tan sólo en un grupo que únicamente se relaciona entre sí (digamos, de modo endogámico), toma a los otros grupos como algo inexistente en relación a su propio ámbito, y acaba volviéndose "universal" en su cerrado círculo, pero no en la verdadera universalidad que se había buscado en un principio.

4. POSVERDAD POR IMPERATIVO LÓGICO

Desde la época de los sofistas (y es muy probable que desde bastante antes), la tentación de jugar con la lógica al servicio de los propios intereses ha estado muy de moda en todas las sociedades. Y el servicio al interés propio es de todo menos servicio a la verdad. Habría entonces que distinguir primero qué quiere decir el interés propio para después ver porqué quien sale perdiendo nuevamente es la verdad.

Interés propio, es decir, subjetivo, que surge de las propias metas, muchas de ellas poco humanitarias y bastante egoístas, por decirlo de algún modo. Expectativas que suelen tener que ver con el dominio y el poder, con el éxito y, ¿por qué no? con una fama que le sobreviva a uno cuando haya muerto. Aquello de dejar una huella propia en este mundo. ¡Nada más triste que pasar por él como si nunca hubiera existido! Al servicio de esos intereses se puede intentar poner el mundo a nuestros pies.

En este sentido, cualquier herramienta que ayude a ese objetivo será bienvenida, y mucho más si puede pasar desapercibida, si puede lograr que nadie se entere de lo que estoy tratando de llevar a cabo. ¿Y qué mejor que una buena lógica utilizada para engañar sin que nadie se dé cuenta?

Tenemos la convicción de que ninguna de las paradojas de Zenón se realizó con la intención de usarlas con esos fines, y que las argucias matemáticas y lógicas que salían de los verdaderos sabios no tenían más intención que la de encontrar soluciones a problemas que la misma lógica planteaba. Pero no pasa lo mismo cuando todo eso se vuelca en la vida política y entran en juego intereses poco "científicos". ¿Cómo no recordar aquella paradoja del mentiroso, referida por un tal Epiménides (siglo VI a.C.), tan citada a lo largo de la historia?

"Los cretenses siempre mienten". Ha sido considerada incluso sin intención alguna de señalar un posible sofisma o una contradicción lógica, por el propio San Pablo en su primera carta a Tito: «Fue un cretense precisamente, profeta entre los suyos, quien dijo: "Los cretenses son siempre embusteros, malas bestias, glotones ociosos" ¡Y a fe que es verdadero este testimonio!» (1 Tit 1, 12-13)[14]. Al margen del interés lógico de estas paradojas, lo que nos interesa aquí es señalar que se prestan a introducir trampas al hablar para confundir a los oyentes en un determinado contexto. Y esa era una herramienta común entre los que se dedicaban a convencer para obtener un éxito frente a las masas supuestamente democráticas.

El uso de la lógica y del lenguaje puede ser un arma más poderosa que cualquier armamento de destrucción masiva, porque tiene la capacidad de arrastrar masas inmensas de gente engañada en trampas que supuestamente manifiestan una verdad. Pero detrás de eso se esconde un engaño, que tarde o temprano sale a la luz. Puede pasar que de tanto salir a la luz engaño tras engaño, se produzca el consiguiente desengaño, y al final se quiera simplemente "pasar de todo". Podría ser un primer éxito de la intoxicación de la lógica y el lenguaje al servicio de la confusión (¿podríamos establecer como sinónimos confusión y posverdad? Lo iremos viendo…), cosa que parece traicionar el sentido mismo de una ciencia tan necesaria.

Según hemos ido viendo en algunas clases, los juegos de lógica, las paradojas, los sofismas, las falacias, etc., tienen un atractivo grande, y se prestan a hacer de todo ello un juego realmente entretenido. Y percibimos que ese atractivo no solamente invita a avanzar en el conocimiento de las reglas del pensamiento correcto, sino que puede incluso seducir para usar esas mismas reglas para meter trampas que solo detecta quien las ha metido. Recordamos con especial claridad aquel ejemplo del queso gruyere lleno de agujeros que dice "cuanto

---

[14] https://encyclopaedia.herdereditorial.com/wiki/Paradoja_del_mentiroso

más queso, más agujeros; cuantos más agujeros, menos queso; cuanto más queso, menos queso". Toda contradicción de este tipo esconde una trampa, pero a simple vista y rápidamente no se detecta, como sucede con los trucos de los magos. Y nos la tragamos sin más.

Pero aún peor, hacemos de ello la norma de lo que debe ser la realidad: contradictoria y confusa, cuando podríamos sospechar que no tendría que ser así. ¿No será mejor la claridad y la lucidez que la oscuridad y la confusión? Pues parece ser que con las contradicciones lógicas nos entretenemos en pensar que nada es verdad y nada es falso, porque al final todo termina siendo paradójico. Y tenemos el campo sembrado para llegar al escepticismo, que termina por decir que no se puede conocer nada con verdad, a un paso de decir que nada es verdad.

Hay un programa en la actualidad española, en una cadena de televisión que lleva precisamente un nombre paradójico: "todo es mentira". Si es así, también ese programa lo es, por lo que no deberíamos creer nada de lo que nos digan. Seguramente el que ideó el nombrecito lo haya hecho con toda la intención, pero también es probable que de alguna manera supiera que en el inconsciente de los telespectadores quepa la idea que que en realidad lo único que no es mentira es lo que digan en ese programa, cuya misión es precisamente la de detectar y destapar cualquier tipo de engaño. Pero no deja de ser falaz, y al final conduce a la misma sospecha que tal vez quiere alejar. No en vano, no tardó en surgir en la misma cadena otro programa con el nombre que venía a completar la jugada: "todo es verdad". ¿Con qué intención? Nosotros no lo sabemos. Pero el juego del lenguaje no deja de hacernos sospechar intereses que pueden ser contradictorios con lo que se pretende hacer ver al público.

La lógica. El lenguaje. Grandiosas armas del ser humano. Pueden ser instrumentos para construir puentes, para conectarnos con la realidad, que estaba ahí antes que nosotros; con las demás personas, sin las cuales no seríamos más que islotes sin sentido alguno. Pero puede ser también un dique, una trampa que nos impida llegar a la realidad simplemente porque no interesa.

Para ver esto mejor vamos a centrarnos en un caso concreto: el positivismo lógico.

Esta escuela, que tiene su centro en el famoso Círculo de Viena, pretende reducir el uso del lenguaje significativo solamente a las proposiciones que provengan de las cosas comprobables, cuantificables y medibles. Es decir, solamente sobre lo que hoy podríamos llamar "datos" (sean estos lo que sean). Todo lo que vaya más allá queda echado fuera, son proposiciones que no tienen sentido, que no dicen nada, no hablan de nada. Hablar de Dios, por ejemplo, es como hacerlo sobre la nada; hablamos, pero no decimos nada. Hablar de metafísica es hablar de nada, porque los conceptos de este saber no se pueden cuantificar, no son experimentales.

Hemos dado con un artículo que nos parece demoledor, escrito por un filósofo llamado Rudolf Carnap, titulado "La superación de la metafísica mediante el análisis lógico del lenguaje", en el que se llega a afirmar que toda afirmación (proposición) que no tenga posibilidad de una comprobación empírica para establecer su verdad, simplemente carece de significado. Las llama pseudoproposiciones. Todos los conceptos de la metafísica y aquello que vaya más allá de la experiencia verificable en términos científicos queda fuera del lenguaje significativo. Así lo dice Carnap.

> La mayor parte de los otros términos específicamente metafísicos se halla desposeída de significado, por ejemplo, "la Idea", "el Absoluto", "lo Incondicionado", "lo Infinito", "el Ser-que-está-siendo", "el No-Ser", "la Cosa-en-Sí", "el Espíritu Absoluto", "el Espíritu Objetivo"", "la Esencia"... El

metafísico nos dice que no pueden especificarse condiciones empíricas de verdad[15].

Entonces no se pueden establecer criterios de verdad o falsedad para estos ámbitos. Solamente en la ciencia positiva se podría producir esto.

Pues bien, ¿qué hacemos con la mayoría de las cuestiones más importantes para nuestra vida que no son estrictamente comprobables? Sentimientos, preguntas existenciales, el sentido de la vida, el problema del mal, la justicia, ¿las dejamos para un mero juego? Pensamos que al descartarlas de la posibilidad de tener sentido, dejamos lo más crucial de nuestra existencia como un asunto de entretenimiento, como una especie de malabarismo macabro. Porque lo rebajamos, lo dejamos en manos de una supuesta ciencia que nada tiene que decir sobre ello. De este modo, lo que mueve las vidas y las sociedades queda dispuesto para ser utilizado por quien mejor sepa manejarlo. Es sólo una sospecha, no tenemos la certeza. Pero encaja muy bien con lo que está sucediendo. La posverdad se nos presenta como un mundo en el que el sentido depende de lo que digamos en cada momento, de lo que se decida en función de no sabemos qué criterio. Si no hay significado, éste será sólo lo que diga quien mejor maneje el arte de fabricar seducciones.

Entendemos que la verdad de las cosas no comprobables empíricamente no es aleatoria, que no es alógica. No será tampoco resultado de una deducción, no podría serlo. Pero eso no quiere decir que no haya ningún logos en ella. Es más bien al revés, toda la lógica que nos caracteriza procede previamente de una experiencia que encierra una gran verdad, aunque no podamos expresarla en fórmulas.

---

[15] El artículo está extraído de un libro de Ayer titulado "El positivismo lógico", FCE. Madrid, 1993. En internet disponible en la página https://posgrado.unam.mx/musica/lecturas/LecturaIntroduccionInvestigacion-Musical/epistemologia/Carnap-Rudolf-La-Superacion-de-La-Metafisica.pdf. Aunque hay una versión del mismo artículo en el FCE, de 40 páginas, no es fácil su adquisición.

5. ASPECTOS POLÍTICOS

Una de las características de la posverdad se pone de manifiesto cuando las emociones y las creencias personales predominan sobre los hechos verificables y la lógica en la toma de decisiones y en la formación de opiniones públicas. En este contexto, los políticos, ¡tantas veces! recurren a información manipulada o distorsionada para influir en el sentimiento popular, apelando más a los instintos, los deseos y prejuicios de las personas que a la objetividad o a la verdad contrastada.

Nos ha llamado especialmente la atención esta frase de la obra "Desinformación y poder", especialmente en el artículo "La verdad en las democracias algorítmicas":

> Pero, ¿qué es la posverdad? Convertida en un concepto-lugar común, la posverdad se erige en la etiqueta política que sirve para definir la era pos-2016 –tras la elección de Donald Trump como presidente de los Estados Unidos y la victoria del Brexit en el referéndum que decidió la salida del Reino Unido de la Unión Europea–, una idea que engloba desde la falsedad retórica a la decadencia de los hechos objetivos y la verdad racional, científica o académica[16].

Así, la posverdad se caracteriza por la incapacidad o el rechazo de aceptar hechos que contradicen las creencias propias. En el ámbito político, esto implica que los discursos y los relatos construidos alrededor de hechos alternativos, rumores o desinformación pueden tener más peso que los datos reales.

---

[16]https://www.cidob.org/sites/default/files/2024-07/Revista%20 CIDOB%20d%27Afers%20Internacionals%20124.pdf . En distintos lugares de este extenso trabajo hemos encontrado referencias significativas, sobre todo las que se refieren a las emociones, páginas 12-23.

Las redes sociales y los medios de comunicación juegan un papel muy importante, esencial, en este proceso, ya que permiten la difusión rápida de información falsa, sin el escrutinio adecuado.

> La posverdad también tiene su propia construcción narrativa cuando gobernantes autoritarios y populistas se declaran víctimas de conspiraciones periodísticas y confabulaciones políticas. Por eso el término fake news, como tal, quedó rápidamente desacreditado al convertirse en arma política arrojadiza contra cualquier intento de crítica o disensión[17].

Más relevante aún es la idea que hemos visto, que asegura que la función de la democracia no es alcanzar la verdad. Nos ha sorprendido, pues pensamos que la convivencia debe asentarse sobre una base sólida, y la única que encontramos es la de la verdad. Aunque puede ser que, en efecto, no sea la finalidad. Pero eso no quiere decir que no necesite de ella.

> Aunque la democracia no tiene por objetivo alcanzar la verdad, sino decidir con la contribución de la ciudadanía, la información y las narrativas compartidas son una precondición del discurso público democrático, que ahora se fragmenta en silos de supuestas verdades compartidas[18].

En una realidad tan múltiple y con tantísima información al alcance de la mano, esto se vuelve una completa locura.

Para comprender mejor estas realidades nos hemos encontrado un trabajo que nos ha dado muchas pistas sobre estos hechos, además de atender a noticias e incluso experiencias reales de componentes de este equipo, que irán saliendo a lo largo de este capítulo.

---

[17] Op. Cit. Pág. 14
[18] Op. Cit. Pág. 18

Todas estas cosas llevan a que, en lugar de basarse en un debate racional y fundamentado en hechos, las decisiones políticas y las campañas se convierten en una lucha por el control de las emociones y las percepciones de los votantes, de los que algunos de nosotros ya formamos parte. Los políticos pueden usar esta estrategia para dividir a la sociedad, generar desconfianza en las instituciones o desviar la atención de cuestiones importantes. La política se transforma, entonces, en un juego en el que lo que importa no es la verdad, sino lo que la gente quiere creer o lo que la manipulación de la información puede hacerles sentir. Es entonces cuando aparece la peligrosa pregunta que nos hacemos y que no queremos aceptar por ser la mayor de las trampas. ¿Se considera verdad lo que decimos que lo es? ¿O lo que nos dicen serlo? ¿O lo que dice la mayoría? ¿La verdad solamente es un término de conveniencia?

5.1. La manipulación

La manipulación en la política es un fenómeno que se manifiesta a través de estrategias y tácticas que buscan influir en la opinión pública y el comportamiento de los votantes. Los políticos adquieren medios o influyen en ellos para poder manipular, ofreciendo la desinformación, la cual, difunde información falsa y engañosa para confundir a las personas y afectar su percepción de candidatos, propuestas, o cualquier política que no les agrade. Controlan completamente la percepción de la gente de ellos, son capaces de ocultar o tergiversar la verdad si les beneficia dando mala información solo para poner al pueblo en contra del otro partido político, y al salir la verdad a la luz, que es lo que pasa al final, ya que por más que lo quieran ocultar siempre se acaba sabiendo, lo que genera decisiones extremistas que logra dividir al pueblo.

Si nos fijamos en los debates en el congreso de los diputados o en las tertulias, ya no hablan de sus programas, se dedican a atacarse unos a otros como si fuesen niños pequeños. Ha llegado un punto en el que no votas por convicciones, escoges entre todos el que menos te disgusta, porque no nos sentimos representados por ningún partido político. Ellos se aprovechan de los bulos y la desinformación, les viene muy bien para popularizarse. Les da igual decir la verdad o no, ocultarla, decorarla o tergiversarla.

Un ejemplo de intento de manipulación política sería la dictadura de Venezuela, donde el dictador Nicolás Maduro llega a decisiones extremistas solo para seguir en el poder, como el quitarles a los ciudadanos el derecho a la huelga pacífica y la libertad de expresión, entre otras. Esto afectó desde los jóvenes de 16 años hasta personas de la tercera edad, inculpándolos de terrorismo.

El objetivo de esto es hacer que las personas estén tan ocupadas intentando sobrevivir que no se ocupen de intentar solucionar los problemas políticos, como pasa en Cuba. Volviendo a Venezuela, el gobierno, al ver la oposición en su contra, toma la decisión de utilizar medidas drásticas contra el pueblo, como por ejemplo el uso de armas, secuestros políticos[19] y no respetar la constitución de la república, lo que lleva al pueblo a tomar medidas como manifestaciones violentas solo para poder dar a conocer la verdad. Este caso se consideraría como un intento de manipulación ya que la gente sabe lo que está pasando; en el fondo no están manipulados ni engañados.

Cuando una democracia es verdaderamente libre, la verdadera libertad la tiene la oposición del que gobierna, es decir, tiene que poder ejercer el control del poder sin trabas para hacerlo. Los que gobiernan, los que están en el poder deben estar mucho más controlados y vigilados, precisamente porque ellos están en el poder. Si no tienen un límite claro, se puede con-

---

[19] https://www.bbc.com/mundo/articles/c708272prrzo

fundir fácilmente con el modo de proceder de las dictaduras, sean claras o camufladas.

Otro claro ejemplo de manipulación en la política sería el de Estados Unidos, "el país de la libertad". Entre sus primeros actos oficiales tras regresar a la Casa Blanca, el presidente Donald Trump emitió una orden ejecutiva destinada a "restaurar la libertad de expresión y poner fin a la censura federal". Sin embargo, este documento elimina de manera implícita los esfuerzos para combatir la desinformación y la propagación de noticias falsas en Internet[20].

Pero curiosamente allí donde se intenta combatir desde el poder la desinformación y los bulos tiende a suceder el movimiento contrario, que consiste en presentar como falsas noticias que sí podrían ser verdaderas, siempre y cuando dichas noticias perjudiquen a los gobernantes. Al final no sabe uno qué es peor, y da por pensar que la manipulación lo único que hace es cambiar de manos según sean los intereses. Las democracias se prestan mucho a ello.

Otro ejemplo muy distinto sería el de Corea del Norte, donde no hay libertad de expresión. No se tolera ningún tipo de oposición. Según los informes, cualquier persona que exprese una opinión contraria a la del partido gobernante se expone a ser duramente castigada, y en muchos casos el castigo se extiende también a su familia. Los medios de comunicación nacionales sufren una censura impresionante, llegando al punto de tener sus propias páginas de internet. Cuando un país tiene en su poder absolutamente todos los medios de comunicación y prensa, qué verdad les llega a los habitantes, les llega la verdad que dicta el gobernante[21]. ¿Tiene esto que ver con la posverdad? Sí y no, pues completa un mosaico un poco

---

[20] https://www.rsf-es.org/eeeuu-la-vision-de-donald-trump-de-la-libertad-de-expresion-se-hace-a-costa-de-la-libertad-de-prensa/

[21] https://www.amnesty.org/es/wp-content/uploads/sites/4/2021/06/asa240022003es.pdf

delirante, en el que los contrastes entre supuestas democracias libres y países donde esa libertad ha dejado de existir, tienen en común el camuflaje de la verdad en aras de intereses poco confesables. El resultado es la imposibilidad de verificar nada.

5.2. La falsificación

La falsificación en la política se refiere a la distorsión de información, documentos o hechos con el fin de influir en la opinión pública, con la intención de engañar a las personas. Esto puede incluir la creación de noticias falsas, la alteración de datos estadísticos, o la falsificación de identidades y documentos.

Su impacto es significativo, ya que puede erosionar la confianza en las instituciones, polarizar a la sociedad y afectar la calidad de la democracia. Las redes sociales han ampliado este problema, ya que facilita la distribución de información engañosa y errónea.

Otro método utilizado para la falsificación que también entra en el apartado de manipulación sería el lenguaje, ya que ayuda a manipular y confundir el pensamiento del receptor. En la actualidad las personas utilizan mucho la falsificación de importancia, ya sea porque la verdad les afecta a ellos o a sus objetivos, lo que los lleva a falsificar, modificar o distorsionar la verdad.

Otra manera de falsificar información sería la falsificación de estadísticas políticas. Es muy común en las dictaduras, ya que al gobierno al mando no le conviene que una información que los pueda afectar a ellos o a su mandado salga a la luz, por lo que toman la decisión de falsificar esa información. Nuevamente, uno de los ejemplos de la actualidad se encontraría en las dictaduras de Cuba y Venezuela.

En el caso de Cuba hacen parecer que hay elecciones cuando la realidad es que si le preguntas a cualquier cubano que no se beneficie con la dictadura te responderá que no respetan las votaciones electorales, según el testimonio de algunos compañeros cubanos que están en nuestro instituto.

En el caso de Venezuela, quieren hacer pasar al gobierno por una democracia justa, cosa que claramente es falsa. Esto se refleja en las elecciones del 28 de julio del 2024, donde ganó las elecciones el presidente Edmundo González Urrutia por decisión del pueblo venezolano, por una mayoría aplastante, aunque Nicolás Maduro pusiese muchas trabas para que el pueblo pudiese votar libremente. Este hecho afectó al "gobierno" de Nicolás Maduro, ya que este decidió no respetar el voto ejercido en las urnas electorales, falsificando descaradamente el resultado de las elecciones. Esto lo sabemos gracias a las pruebas de las actas electorales, que dio a conocer la oposición venezolana.

Este es el testimonio de un compañero venezolano, que también es uno de los autores de este trabajo, del día de las elecciones:

"Ese día, desde las cinco de la mañana, adultos, adolescentes y niños esperaron en los centros de votaciones a que se abrieran las puertas a las seis de la mañana para poder ejercer su derecho a votar, ya que en algunos de ellos no permitían entrar a los testigos de mesa de la oposición. Mientras algunos de los ciudadanos esperaban para votar, los chavistas suplantaban identidades para conseguir más votos utilizando las cédulas de personas que aún no habían votado o de incluso menores de edad. Esa situación se dio a conocer gracias a que varios miembros de mesa del partido opositor lograron entrar a algunos centros de votación y ver la estafa. Gracias a las redes sociales, la noticia se hizo rápidamente conocida entre los venezolanos, los cuales se empezaron a levantar contra ellos irrumpiendo en centros de votación aún cerrados para ejercer su derecho a voto. Esto ocurrió durante todo el día. Las personas a pesar de haber votado se quedaron en las puertas de los centros de votaciones para comprobar que a las seis de la tarde cerraran las urnas electorales y comenzase el conteo de los votos, donde participan miembros de mesa de ambos partidos. Al terminar el conteo, en todos los centros de votaciones ganó el partido Opositor. La gente que estaba en las puertas celebraba la victoria aplastante de Edmundo González. El resultado debía anunciarse a las ocho de la tarde ese mismo día, aunque no se dio a conocer hasta la una de la madrugada al día siguiente. El resultado fue la victoria de Maduro, lo que generó huelgas pacíficas ya que era obvio que Maduro no había ganado las elecciones. Gracias a la dura represión de las fuerzas armadas, las huelgas empezaron a ser más agresivas y violentas, dónde las personas que salían a votar pacíficamente las encerraban y las inculpaban injustamente de terrorismo, sin importar su edad, desde menores hasta personas de la tercera edad."

5.3. La suplantación

Como bien dice su significado, suplantar es modificar algo de tal manera que sea distinto a como era en un principio, o hacerse pasar por la identidad de alguien. La suplantación ha estado presente en todas las épocas, pues hacerse pasar por alguien parece fácil. Pero es muy triste que hoy en día haya tanta suplantación, lo que conlleva a grandes estafas. La suplantación es algo que puede jugar una muy mala pasada a la o las víctimas, ya no sólo porque resultan timados, sino porque también pueden quedar como estafadores. En internet la suplantación es algo fácil, simplemente con robar un usuario y contraseña ya te puedes hacer pasar por alguien que no eres tú. Después, cometes cualquier ilegalidad con esa cuenta y ya la víctima queda como culpable.

¿Ahora quién va a creerle, si tienen una prueba clave: su cuenta? Hace ya unos años un familiar cercano vivió esta experiencia. Me acuerdo que suplantaron su identidad en Facebook y luego estafaron a una mujer vendiéndole una PlayStation. Fueron unos meses de inseguridad acerca de lo que iba a pasar: ¿Lo culparán? ¿Encontraríamos al abogado adecuado? Todas estas dudas se terminaron en el juicio, cuando fue declarado inocente. Es una experiencia que no se la deseo a nadie.

La suplantación en la política la podemos observar en demasiados ámbitos: a la hora de recuento de votos suele haber alguna persona que ha votado varias veces o votantes legítimos, haciendo el voto falso. Esto se conoce como fraude electoral. El ejemplo más cercano que encontramos de fraude electoral, como ya hemos dicho, es el de las elecciones de Venezuela, en la que el presidente Maduro adulteró la votación, y el resultado resultó en un 110% de la población, algo que obviamente es imposible. Otro aspecto de la suplantación en política es la falsificación de mensajes. Este aspecto no tiene tanto que ver con políticos, pero puede conllevar a múltiples estafas. Gracias a esto, la ciudadanía pierde la confianza en sus líderes, que muestran una inmadurez innecesaria llevando a cabo estas cosas. Es un total atentado contra el derecho a voto, ya que si ellos, que se suponen que deberían de ser a los que elegimos, son ellos los que toman las decisiones por nosotros, privándonos de la democracia.

5.4. La confusión provocada

A la hora de dar discursos los políticos suelen contradecirse demasiado. Un día dicen una cosa, al siguiente la contraria, y así sucesivamente. Ya parece que todo vale. Con esto solo consiguen demostrar que solo son meras excusas lo que dicen y que ni ellos son capaces de enfrentarse a las situaciones en las que pueda peligrar su tan preciada reputación. Esto mismo también lo encontramos en muchos personajes públicos que abundan por medios de comunicación (la temida hemeroteca) internet y las redes: dicen algo y luego lo contrario, y en vez de dar la cara procuran disfrazar con más ropajes lo que dijeron en un principio. A causa a esto cada día es más difícil conocer la verdad, y hoy todo es más confuso que ayer. ¿De quién me puedo fiar, si hoy ha dicho que algo es de una manera y ayer dijo que era de otra totalmente contraria?

La desinformación es un arma política utilizada por la gran mayoría de los partidos políticos. Ellos ayudan a difundir estas noticias, les conviene. Son noticias que generan mucho odio, otras viralizan una mentira, pero todas causan revuelo y publicidad. Algunos ejemplos serían los bulos sobre las acciones policiales en torno a las protestas independentistas de Barcelona en octubre de 2019[22], o uno mucho más reciente, de hace menos de un año sería el bulo de qué mientras los habitantes de Valencia en plena DANA dormían en sitios en ruinas Sánchez metía a inmigrantes ilegales en hoteles de lujo[23]. O una de fuera de España, en Estados Unidos, en un debate televisado con el candidato republicano y la candidata demócrata, Donald Trump aseguró que los inmigrantes haitianos se comen los gatos de sus vecinos[24], lo que claramente es un bulo que solo sirve para aumentar la desinformación y el odio a minorías, lo cual conviene a las políticas y a los votos de Trump.

En el otro lado de la moneda, una gran herramienta de confusión es el uso y la manipulación del lenguaje. En vez de creerse bulos y usarlos a su favor, cogen una noticia real y la presentan como un bulo. Es darle la vuelta al significado de bulo. Como por ejemplo la noticia del presidente de Argentina, Milei con la criptomoneda "libra", quien apoyó esta moneda en sus redes sociales, y cuando comprobó que era una estafa borró los post de sus redes sociales y fingió que él no estaba involucrado, que no tenía nada que ver con el asunto y que él ni si quiera conocía a los organizadores de la cripto-

---

[22]https://theconversation.com/la-desinformacion-como-arma-politica-asi-tuitean-los-partidos-167240#:~:text=Los%20principales%20partidos
[23] https://maldita.es/migracion/bulo/20241218/400-bulos-y-desinformaciones-migrantes-refugiados/
[24] https://maldita.es/migracion/bulo/20241218/400-bulos-y-desinformaciones-migrantes-refugiados/

moneda, cuando claramente esto es un falacia y él sí estaba involucrado[25].

5.5. La polarización

En momentos desesperados, de crisis, la gente suele radicalizarse o polarizarse. Cuando ven que algo no funciona se agarran a lo primero que promete soluciones, y buscan un culpable. Es lo que pasó con Hitler y el pueblo alemán y es lo que está pasando ahora en el mundo. La crisis mundial del COVID 19 dejó secuelas y heridas profundas en el mundo. Nadie se esperaba algo así, nadie sabía cómo actuar. Estas situaciones hacen que la gente se extreme, y eso se ve ahora mismo en el mundo. Los partidos extremistas están cogiendo mucha fuerza, y ganando las elecciones en muchos países. Los bulos y las fake news ayudan a que este pensamiento se clave en los jóvenes. A nuestra edad somos muy poco experimentados y mucho más influenciables.

A esto contribuye mucho lo que se llama la segmentación de la información, que ofrece a cada persona las temáticas según las preferencias que manifiesta en sus búsquedas. Esto produce una impresión de estar informado, pero en realidad sólo lo está en áreas de interés y de preferencias que tienen que ver con su círculo más inmediato. Así se nos describe en una investigación:

> Según Napoli (2001) la segmentación de audiencias es el proceso de dividir a una audiencia en grupos más pequeños basados en características similares, como las creencias políticas, los intereses, la edad, entre otros. Esta práctica se ha vuelto prominente con el nacimiento de las redes sociales y la personalización de los contenidos. En su surgimiento

---

[25]https://www.eldiario.es/internacional/expertos-detallan-congreso-argentino-milei-clave-escandalo-criptomoneda-libra_1_12084915.html

se encuentran factores como las "burbujas de filtros" que muestran a los usuarios una información alineada con sus creencias y valores existentes (Pariser, 2011), situación que conduce a las "cámaras de eco", donde las opiniones similares se refuerzan y las perspectivas divergentes son excluidas (Flaxman; Goel; Rao, 2016); la presencia de medios fuertemente ideologizados que atienden específicamente a grupos ideológicos (Iyengar; Hahn, 2009) o la personalización de los contenidos dirigidos a individuos con mensajes que refuerzan sus creencias[26].

En cuanto entran en escena las distintas ideologías o las identificaciones con determinados grupos políticos, sociales o de poder, la información tiende a agruparse en los propios intereses, y poco a poco la perspectiva de los demás se va perdiendo. Esto va generando progresivamente una conciencia de pertenencia muy viciada, hasta el punto de dividir a las personas entre "los nuestros" y los "otros", sean quienes sean. Lo nuestro siempre será lo válido, y por tanto, lo verdadero. Y así se van constituyendo frentes cada vez más cerrados que lo que tienden es a acentuar los extremos. Nos parece muy interesante comprender un poco mejor alguna de las causas de lo que puede estar sucediendo en la actualidad con tantas etiquetas en las que parece que tenemos que estar todos metidos.

Todo esto también va en contra de la verdad, al menos la que se entiende como algo que no admite posicionamientos parciales. Si en vez de tomar partido por grupos de posición, buscáramos juntos algo objetivo, no dejaríamos tanto espacio para el enfrentamiento cada vez más duro entre grupos que se van yendo a los extremos.

Tenemos que tener mucho cuidado, entonces, con lo que vamos buscando, si es con la intención de ratificar y fortalecer únicamente nuestros puntos de vista, porque eso nos va a ir

---

[26] Polarización, política y medios de comunicación, su impacto en la democracia y en la sociedad". https://revista.profesionaldelainformacion.com/index.php/EPI/article/download/87542/63567/298083

quitando poco a poco la empatía y la capacidad de percibir verdad también en posiciones distintas a la nuestra.

6. LA TECNOLOGÍA
AL SERVICIO DE LA POSVERDAD

En la era digital, la tecnología ha cambiado radicalmente la forma en que consumimos y compartimos información. Sin embargo, este avance ha traído consigo desafíos significativos, especialmente en el contexto de la posverdad, donde la línea entre la realidad y la ficción se difumina peligrosamente. Desde la aparición de programas como photoshop, la capacidad para alterar imágenes ha estado al alcance de muchos. Esta capacidad ha sido utilizada para crear imágenes engañosas que respaldan narrativas falsas, afectando la credibilidad de la fotografía como evidencia objetiva. La facilidad con la que se pueden alterar las imágenes ha contribuido a la propagación de desinformación, ya que las personas tienden a confiar en lo que ven.

La situación se complica aún más con los avances en la edición de video. Tecnologías recientes permiten modificar videos de manera que se puede hacer que una persona parezca decir o hacer algo que nunca ocurrió. Un ejemplo destacado es el trabajo realizado por la Universidad de Washington, donde se logró sintetizar la imagen del expresidente Barack Obama para que pronunciara discursos ficticios con un realismo sorprendente. Este tipo de manipulación, conocida como "deepfake", utiliza algoritmos de inteligencia artificial para crear videos falsos pero convincentes, lo que plantea serias preocupaciones sobre la autenticidad de la información visual que consumimos[27].

---

[27] https://intermedia.eus/tecnologia-al-servicio-de-la-posverdad/

Sin ir más lejos en España se creó un video con inteligencia artificial donde la infanta Sofía bailaba y se creó un gran revuelo porque mucha gente pensó que era real.

También las redes sociales han revolucionado la forma en que compartimos información, permitiendo una difusión rápida y amplia de contenidos. Sin embargo, esta capacidad también ha sido explotada para propagar noticias falsas y desinformación. Plataformas como Facebook, Instagram, Twitter y Tik Tok permiten que cualquier usuario comparta contenido, sin una verificación rigurosa de su veracidad. Esto ha llevado a la viralización de información engañosa, ya que las publicaciones apelativas o sensacionalistas tienden a captar más atención y ser compartidas más ampliamente.

La velocidad a la que se difunde la información en las redes sociales supera con creces la capacidad de verificación de los hechos. Esto significa que, para cuando una noticia falsa es desmentida, ya ha podido alcanzar a millones de personas, dejando una impresión duradera que la corrección posterior difícilmente puede revertir. Este fenómeno se ve agravado por las "cámaras de eco" creadas por los algoritmos de las redes sociales, que muestran a los usuarios contenido alineado con sus creencias existentes, reforzando prejuicios y dificultando la exposición a perspectivas alternativas.

La inteligencia artificial ha avanzado hasta el punto de poder generar contenido falso con un alto grado de realismo. Además de los deepfakes mencionados anteriormente, existen programas capaces de imitar voces con gran precisión. Investigadores de la Universidad de Alabama han desarrollado técnicas que permiten crear voces sintéticas prácticamente indistinguibles de las reales a partir de muestras de audio de pocos minutos. Esta tecnología puede ser utilizada para crear grabaciones de audio falsas en las que una persona parece decir algo que nunca dijo, lo que puede tener implicaciones graves en contextos legales, políticos y personales[28].

La convergencia de estas tecnologías plantea desafíos significativos para la sociedad. La capacidad de manipular información visual y auditiva, combinada con la difusión masiva a través de las redes sociales, puede erosionar la confianza pública en las fuentes de información y en la propia noción de verdad. Esto puede tener consecuencias en múltiples ámbitos, desde la política hasta la judicial.

Aún después de todo esto, no debemos demonizar la inteligencia artificial o los avances tecnológicos. Todo lo que hace la inteligencia artificial se debe a una inteligencia humana. La inteligencia artificial sola de por si no hace nada, tiene que haber una mente humana controlándolo. La solución a estos problemas no es cortar del todo la inteligencia artificial, eso sería negar el progreso, la solución sería sobre todo que nosotros los jóvenes, como futuros líderes de la sociedad, estemos preparados para identificar y combatir la posverdad. Hay que aprender a ser críticos con la información que consumimos. No todo lo que vemos en internet es verdad, y es nuestra responsabilidad cuestionarlo. Verificar la fuente de la información, contrastar diferentes puntos de vista y buscar datos que respalden lo que leemos son prácticas esenciales para evitar caer en la trampa de la posverdad.

---

[28] https://intermedia.eus/tecnologia-al-servicio-de-la-posverdad/

7. EL EROTISMO DE LA VERDAD

¡Eros! Banquete de Platón. La esencia del amor. Algo suscita en nosotros el deseo, nos impulsa a perseguir aquello por lo que nuestra alma más suspira. La belleza física es el mayor ejemplo de seducción. La belleza nos atrapa, nos impulsa a entrar hasta el fondo de su secreto. Deseo y hambre se confunden, son parte de la misma experiencia de carencia que empuja a perseguir saciarse.

¡Eros y verdad! Estamos ante una expresión que hace referencia a una necesidad profunda y urgente de obtener respuestas claras, auténticas y fundamentadas, en un contexto de incertidumbre o confusión. En un mundo donde la desinformación, las medias verdades o incluso las mentiras son comunes, muchas personas experimentamos esta ¨hambre¨ como una búsqueda constante de claridad y comprensión sobre los eventos que afectan nuestras vidas, nuestras comunidades o el futuro en general.

Esta sed de verdad no solo está ligada a la necesidad de hechos verificables, sino también a una búsqueda emocional y moral, un deseo de ver la realidad tal y como es, sin manipulaciones ni distorsiones. En un entorno donde las narrativas predominantes a menudo están influenciadas por intereses políticos o corporativos, la gente se siente desconectada de una verdad genuina y experimenta un vacío que se intenta llenar con información verificada, pero también con respuestas que les devuelvan la confianza y les ofrezcan seguridad.

El hambre de verdad también refleja un anhelo de justicia y transparencia. Cuando la verdad es manipulada o ignorada, este deseo se convierte en un motor para cuestionar el poder establecido, desafiar narrativas falsas y, en última instancia, buscar una comprensión más profunda y honesta del mundo. En muchos casos, esta hambre se convierte en un impulso por recuperar el control de la propia percepción y en un llamado a la responsabilidad colectiva para encontrar, preservar y valorar la verdad.

¡Hambre de verdad! ese conjunto de palabras expresa algo más que solo su busca, ya no se trata sólo de querer encontrar algo; es ansiarlo; ¡ansiarlo! de tal forma que produzca un *hambre,* como alguien que lleva mucho sin comer. Ya no es solo disfrutar de una comida, es poder saciarse, no tener hambre, ¡y no tenerla nunca! En el caso del hambre de la verdad, ese "no tener hambre" es un "no ser engañados" o "no ser ocultados de la verdad", y si bien no es lo mismo engañar que esconder, la finalidad es dañar la verdad.

El mejor ejemplo de esta hambre son los niños; y es típica la pregunta sobre cómo vienen los niños al mundo. Los adultos a quienes un niño pregunta muchas veces deciden mentirle, ya que no lo ven apropiado para su edad. Pero el niño puede ser consciente de que le mienten, porque hay algo que le hace saberlo, ya sea por el tono en el que se lo cuentan, o porque entre los adultos presentes se contradicen, o pisotean las explicaciones con tal de que el niño pregunte lo menos posible o deje de hacerlo… Él ya tiene algo en mente que le convence lo suficiente y sólo quiere saber si es real, pero necesita que se le digan los que saben, sin necesitar exponer su "teoría". Y al niño, consciente del engaño, le genera mayor intriga; ahora tiene más ganas de saber, porque si fuera cualquier otra cosa se lo hubieran dicho, pero ahora hay ahí algo que le impide a sus adultos contárselo. Como consecuencia de este hecho, le surgen más preguntas, pero ahora de otro tipo, del estilo de: "¿por qué no me lo quieren contar?"

Con esto nos referimos a que cuando sabemos que no se nos da una verdad, que se nos trata de engañar o evitar, eso nos genera mayor ansia. Lo desconocido. Algo tan propiamente natural ya no solo del ser humano, sino también de algunos animales: el ser curiosos; pero en las personas, al ir asociado a su capacidad mental, va mucho más allá. Queremos conocer, saber, descubrir, averiguar y entender. Buscamos comprender todo lo que nos rodea para comprendernos a nosotros mismos. Y con la búsqueda de la verdad no puede ser menos, porque si bien podríamos estar buscando y buscando explicaciones, nada son si no son verdad.

Es una especie de ansia de perseguir la verdad, movidos ya no solo por el querer, sino como si se fuera la vida en ello. Porque es así: se nos va la vida en ello, pero no como un "ir" desperdiciado sino gastado con sentido. Llegamos incluso a amar esa ansia, esa hambre; como si de algo tóxico se tratase, porque el juego, el tesoro de conocerlo, es inagotable. Esa sensación nos mueve, hace que reafirmemos lo que somos, seres humanos, seres vivos que tienen emociones, sensaciones, gustos y pensamientos, que conoce y acerca de los cuales reflexiona.

Pero una vez que llegamos aquí, nos surge una pregunta que no podemos evitar, y a la que hay que enfrentarse.

¿Hemos creado una sociedad que nos va quitando el hambre y logra hacernos conformistas y dóciles?

Los seres humanos tenemos una cualidad por la que destacamos, aunque pueda llegar a verse como un defecto: nos ponemos metas, nos comprometemos a llegar a un punto y hacer todo lo posible hasta conseguirlo, ya sea con otras cosas por encima como un desgaste emocional o físico. Se dice que el que lo sigue al final lo consigue. Y en eso somos expertos los seres humanos, en no darnos por vencidos, ya no como un animal que se cae en el mismo hoyo porque no aprende hasta que le sucede las suficientes veces; no, sino porque queremos seguir, no queremos quedarnos "a medias" en un "podría…", sin conocer, sin llegar a una verdad, recompensa. No. Lo intentamos y lo conseguimos tarde o temprano. Así somos.

Y si conseguimos lo que nos proponemos, ¿dónde quedaría aquella sociedad y personas que no quieren que conozcamos, sepamos y pensemos? No se quiere eso. No se quiere que hagamos uso de ese "superpoder" que nos mueve y nos hace tan nosotros, porque no se obtendría lo que se busca: control.

Pero ¿si tenemos ese "superpoder" no debería no existir esa situación de sociedad "controladora"? Para explicar esto, no veo mejor forma de hacerlo que emplear el ejemplo del Elefante encadenado:

> Una niña va con su padre al circo y allí se queda fascinada por el tamaño y la fuerza descomunales de un elefante. Al salir de la carpa la niña ve al elefante que está atado por una de sus patas con una cadena amarrada a una pequeña estaca de madera. Después de ver la actuación, la pequeña no entiende por qué el elefante no se escapa, ya que la demostración de fuerza que había visto del animal dejaba claro que aquella estaca no podía ser un obstáculo para él, así es que le pregunta al padre. Y el padre le contesta que, efectivamente, el elefante podría escapar con un mínimo esfuerzo, pero no lo hace. No lo hace porque esa cadena y esa estaca se las ataron a la pata desde que era muy pequeño, tanto que no tenía fuerza para escapar. Cada vez que lo intentaba, la cadena le hacía daño y cuanto más tiraba y cuanto más insistía más dolorosa era la herida. El elefante aprendió que en esta situación hacer uso de su fuerza sólo sería para producir dolor. Y dejó de intentarlo. Ahora el elefante es muchísimo más grande y muchísimo más fuerte, pero no lo ha vuelto a intentar[29].

Si bien este es un relato psicológico, viene genial para explicar cómo la sociedad nos adoctrina. Como ya he mencionado

---

[29] Bucay, Jorge. "El elefante encadenado". Serres ediciones. Barcelona 2008.

antes, no se quiere que hagamos uso de nuestro "superpoder" porque seríamos capaces de todo, pero siendo consciente de ello ¿cómo es que aún así podemos estar siendo manipulados de tal forma que nos olvidemos? El horrible olvido.

Se nos muestran desde pequeños, en el colegio, la tele, e incluso accidentalmente desde nuestra propia casa, en nuestra crianza; caminos infalibles para llegar, por ejemplo, a vivir bien cuando seamos mayores, fórmulas de éxito, caminos "rectos" que quizás serán duros, pero es lo "correcto". ¿Y cuando alguien decide tomar una nueva iniciativa? Ahí se tacha de que le será imposible, que no lo logrará… Y esa presión es por la que la iniciativa se vuelve más difícil y es más fácil seguir lo que te han implantado. ¿La finalidad? No se busca que llegues a lo que tú quieres, de la forma en la que tú quieres. Y acabas en el fondo contribuyendo a una sociedad manipuladora que te tiene siguiendo un camino con la cabeza agachada. Porque si todos tomáramos nuestra propia iniciativa, todos llegaríamos a ser iguales en la verdad sobre nosotros. Igual de exitosos bajo nuestro propio punto de vista, con los mismos conocimientos, con la misma verdad. Y ahí nadie estaría por encima de nadie.

Y así, señalándonos a la gente que seguimos nuestro propio camino o queremos seguirlo, es como se asusta a los demás de tal forma que ni se planteen descarrilarse del camino "correcto" (el impuesto por una sociedad que permite desigualdades, porque así hay unos controlando a otros) porque ven lo duro que será, y prefieren no arriesgarse, no buscar lo que en el fondo sí quieren. Los vuelve conformistas y sumisos con tal de no ser juzgados, señalados. Pero sin ser conscientes plenamente de ello, por haber crecido, por haber mamado eso: engaño.

Esto nos lleva de nuevo al Eros, hasta el punto de que nos atrevemos a hablar abiertamente de un erotismo filosófico, en el más puro sentido platónico: una auténtica pasión erótica por la verdad.

El erotismo filosófico es una forma de buscar la verdad, pero no de cualquier manera, sino a través de la atracción y el misterio. No es algo superficial ni físico, sino algo mucho más profundo: es el deseo de descubrir lo que una persona realmente es, más allá de lo que muestra al mundo.

No se trata de que alguien se quite la ropa, sino de que, poco a poco, vaya quitándose las barreras que lo separan de los demás. Es como cuando conoces a alguien que al principio es un misterio para ti, pero con el tiempo, a medida que hablas con esa persona, que compartes ideas y momentos y que llegáis al punto de una conexión, empiezas a ver quién es en realidad. Cada conversación, cada gesto, cada historia es como ir deshaciendo un nudo, quitando capas hasta llegar a su esencia. Y cuando llegas ahí, cuando logras ver el alma de alguien, es cuando realmente conoces la verdad sobre esa persona.

En cierto modo, el erotismo filosófico es un método para llegar a la verdad porque despierta en nosotros la curiosidad, las ganas de entender, de ir más allá de lo evidente. Es como cuando lees un buen libro o ves una película que no te lo da todo servido, sino que te deja pistas, te insinúa cosas, te obliga a pensar y a descubrir por ti mismo el significado profundo de lo que estás viendo. Y cuando llegas a ese momento de entendimiento y consigues conectar, es una sensación única que te deja un muy buen sabor de boca. Esa sensación de atracción por el conocimiento, por lo desconocido, es lo que hace que ese erotismo filosófico sea una vía hacia la verdad.

No buscamos solo lo que se ve a simple vista, sino lo que está oculto, lo que alguien realmente es en su interior, es decir, su alma. Porque lo más valioso no es la apariencia, sino la esencia.

El otro día, en clase de filosofía, mientras hablábamos del noumeno kantiano, nuestro profesor decidió explicarlo de otra forma para comprenderlo mejor introduciendo el término del "erotismo filosófico", y nos contó una experiencia suya que me dejó completamente impactada.

Habló de una alumna suya de hace años con la que había logrado una conexión muy especial a través de la filosofía. Decía que, al principio, ella era una chica muy tímida a la que le costaba expresarse, pero poco a poco, empezó a comprender y, sobre todo, a amar la filosofía de una manera intensa y profunda, tanto que decidió seguir adelante estudiando en la facultad. Fue un proceso en el que ambos fueron descubriendo juntos el poder del pensamiento y de la búsqueda de la verdad.

Pero lo que realmente me puso la piel de gallina fue lo que sucedió entre ellos. Él dijo que en un momento dado, sintió que podía ver el alma de esa alumna a través de sus ojos, algo que le parecía casi indescriptible. Tenía la intención de escribirle para expresárselo, pero antes de que pudiera hacerlo, ella le dijo exactamente lo mismo: *"profesor, por primera vez puedo ver el alma de una persona, y la estoy viendo en tus ojos"*.

Al escucharlo, sentí una mezcla extraña de asombro y emoción. Me quedé pensando en cómo la filosofía puede llevarnos a conectar con los demás de una manera tan profunda, más allá de las palabras. Y toda esta experiencia tiene mucho que ver con ese erotismo filosófico.

Nuestro profesor nos comentó que el "eros" no es solo una atracción física, sino el impulso que nos mueve a buscar algo más grande que nosotros mismos. Y eso fue lo que ocurrió entre profesor y alumna: no fue un simple intercambio de ideas, sino un auténtico encuentro de almas, una experiencia casi mágica en la que la verdad se volvió algo vivo entre ellos.

Después de escucharlo, me quedé con una sensación difícil de explicar, como si por un momento hubiera entendido algo fundamental sobre la vida y la filosofía. Quizá, después de todo, buscar la verdad es también una forma de amar.

Pero el problema es que la verdad ya no se presenta como es, sino que se disfraza, se adorna y se vende al mejor postor. Es como si la hubieran convertido en un simple producto que puede cambiarse según lo que la gente prefiera escuchar o según los intereses de quienes manejan la información. Se convierte en una "verdad prostituida"[30]. Sí, el término puede sonar fuerte, pero es porque pierde su esencia y se transforma en algo que solo buscar atraer, convencer y manipular.

En lugar de mostrar la realidad con transparencia, se le ponen muchos adornos falsos, emociones intensas o datos sacados de contexto para que parezca ser más atractiva. Nos la venden como si fuera la verdad absoluta, pero solo es una versión maquillada, diseñada para que reaccionemos de la forma que quieren que reaccionemos.

Y lo peor es que el precio que pagamos no es dinero, sino algo mucho más valioso y peligroso: nuestra libertad. Creemos que estamos tomando nuestras propias decisiones, pero en realidad estamos siguiendo unas pautas escritas por otros. Dejamos que nos guíen sin darnos cuenta, que moldeen nuestra forma de pensar y de ver el mundo. Cuando eso pasa, ya no somos dueños de nuestra propia mente y es totalmente aterrador pensar que otras personas nos la están controlando.

Nos dicen que los jóvenes no valemos para nada y que no sabemos de la vida. Pero eso no es más que otra mentira disfrazada, otra verdad prostituida que quieren que nos traguemos sin antes cuestionarla.

Pero la realidad es otra: sí valemos, sí pensamos y por supuesto que sí cuestionamos. Y ahí está la clave para no caer en la trampa de la posverdad. Si queremos combatir las mentiras disfrazadas de verdad, tenemos que dudar. No creer todo lo que vemos en redes, no dejarnos llevar por lo que nos conviene o lo que nos emocione. Hay que investigar.

---

[30] Esta realidad entronca directamente con una obra de teatro que en la actualidad se encuentra preparando una de las compañeras de este trabajo, que no podemos dejar de citar. Se trata de "Farsas contemporáneas", de Antonio Martínez Ballesteros, premio Guipúzcoa 1969. La cercanía con lo que presentamos como prostitución de la verdad es grande en esta obra.

También hay que hablar, expresarse, hacer ruido. No podemos dejar que nos callen con la simple frase "no sabéis nada". Porque sí que sabemos, y lo que no sabemos, lo aprendemos. Y al final, eso es lo que más temen: que razonemos por nosotros mismos.

8. ¿HACIA DÓNDE VAMOS?

¿Hacia dónde vamos? Si bien esta pregunta no puede ser respondida ya que pueden pasar muchas cosas de hoy a mañana, podemos hacernos una idea de lo que ocurrirá. Como bien dijimos antes, la manipulación en todos los medios nos está haciendo perder nuestro criterio propio, pero otros factores muy importantes que hemos de tener en cuenta son las nuevas tecnologías y las redes sociales.

¿Cuántos vídeos que vemos son reales? Vivimos bajo constantes comparaciones con imágenes irreales y editadas. También sufrimos de una perseverante desinformación, y qué decir del plagio en internet. ¿Quién es el verdadero autor de este vídeo, este influencer que tiene millones de vistas o el que apenas tiene mil? ¿Una inteligencia artificial? Si las próximas generaciones se desarrollan alrededor de este ámbito, el mundo va a estar lleno de inseguridades y ansiedades buscando una perfección que no existe y jamás se podrá lograr.

Además, cada día dependemos más de los móviles, ya que son capaces de generar una dopamina que otras cosas no pueden proporcionarnos. Sentimos que si estamos un tiempo sin ver un dispositivo el mundo se va acabar, que vas a vivir aburrido y no vas a poder hacer nada para divertirte. Es preocupante que cada vez más personas tengan que ir a centros de desintoxicación o psicólogos por la gran dependencia que han cogido. Si seguimos así, entraremos en un bucle en el que no seremos capaces de quedar con amigos, de socializar o de disfrutar un momento sin tener que grabarlo.

Frente a esta situación, es fundamental que nosotros los jóvenes, como futuros líderes de la sociedad, estemos preparados para identificar y combatir la posverdad. Hay que aprender a ser críticos con la información que consumimos. No todo lo que vemos en internet es verdad, y es nuestra responsabilidad cuestionarlo. Verificar la fuente de la información, contrastar diferentes puntos de vista y buscar datos que respalden lo que leemos son prácticas esenciales para evitar caer en la trampa de la posverdad.

La verdad es un pilar fundamental para construir una sociedad justa, coherente y en armonía. Sin ella, corremos el riesgo de perdernos en la desinformación, el relativismo y la manipulación. Si dejamos de buscar la verdad o la distorsionamos a conveniencia, podemos crear realidades fragmentadas que dificultan la comprensión mutua, el progreso y el bienestar colectivo.

Sin la verdad, es más fácil caer en la apatía o en el conflicto, pues sin bases comunes, el diálogo y la cooperación se hacen más difíciles. Quizás es ahí donde se pierde el sentido de la conexión genuina, de vivir en una comunidad que comparte principios claros y valores. En definitiva, sin verdad, el rumbo de la humanidad se vuelve incierto.

Conocemos el camino de la verdad que pasamos como humanos, conocemos el que estamos pisando ahora, pero ¿y el que pasaremos? ¿Hacia dónde vamos con esta posverdad?

Una cosa que hemos dejado claro a lo largo de este proyecto es que es difícil conocer la verdad. Es muy difícil. Y el saber qué creer, el elegir qué aceptar, también.

Debido a esta incertidumbre ante lo real se ha generado desconfianza. No podemos creernos lo que decimos. No podemos aceptar a la primera, cosas que nos muestran, enseñan o cuentan sin algo que trate de corroborarlo.

Si bien ahora como sociedad nos hemos vuelto más incrédulos, paradójicamente aceptamos sin más lo que nos llega, ya sea porque vemos que es más apoyado por una mayoría o porque es con lo que nos quedamos ante tanta información distinta; una vez conocemos el problema, ya no hay vuelta atrás. - "Sí, eso que dice es verdad" - ¿por qué? - "Lo vi por tiktok el otro día" - "¿y ya?" - "Sí, allí me explicaba todas las dudas acerca de ese tema".

En una conversación así, que es muy común haberla tenido, vemos a las dos personas, una que le basta con que le digan algo para creerlo y difundirlo, y otra que conoce el problema, pero ahora, debido a la desconfianza, no cree en nada. Y si intenta creerlo, se sumergirá en un mar lleno de tantos datos e información como pensamientos y sentimientos hay, que acabará perdiéndose.

Quizás en problemas como pueden ser los "bulos" en las noticias, se llegue a incorporar algún tipo de filtro a la hora de publicar cosas que exija alguna evidencia de su veracidad. Y por una parte eso estaría muy bien, pero por otra, ¿y si no hay evidencia, pero es cierto? Como el denunciar un peligro que sucede en X zona, que se conoce, pero aún no ha habido evidencia. ¿Hace falta esperar una evidencia clara para poder hacer saber a la gente que lo que pasa es verdad? Porque quizás esa evidencia clara es algo que luego diremos que mejor no hubiera pasado.

Estamos en puntos extremistas: si elegimos creernos lo que nos llega colaboramos a que el mundo pueda decir lo que quiera porque lo tomaremos como cierto según mayor apoyo tenga; si elegimos no creerlo, no podremos ni buscar nuestros propios medios de buscar verdad, porque esos mismos los veremos como "dañados", "manipulados". No podemos estar en un punto medio, acabamos bailando entre un extremo y el otro, ya que lo único que se persigue a fin de cuentas es que no conozcamos lo que buscamos.

Y si ese es el fin, será, en nuestra opinión, nuestro fin como raza pensante.

9. BIBLIOGRAFÍA Y WEBGRAFÍA

BIBLIOGRAFÍA

Arendt, Hannah. *La condición humana.* Ed. Paidós. Barcelona, 2005.

Aristóteles. *Metafísica.* Ed Gredos. Madrid 1987. Ed. Trilingüe. Traducción de Valentín García Yebra.

Ayer, Alfred Jules. *El positivismo lógico.* FCE. Madrid, 1993.

Bucay Jorge. *El elefante encadenado.* Serres ediciones. Barcelona, 2004.

Byung Chul Han. *La sociedad del cansancio.* Herder. Barcelona. 2022

Kant, Inmanuel. *Crítica de la Razón Pura.* Alfaguara. Madrid 1989. Taducción de Pedro Ribas.

Martínez Ballesteros, Antonio. *Farsas contemporáneas.* Editorial Everest. 2ª Edición, Madrid 2004.

Nietzsche. *Sobre la verdad y la mentira en sentido extramoral.* By Amazon Italia Logistic.

Platón.*La defensa de Sócrates.* Ed. Sígueme. Salamanca, 2005. Trad. Miguel García-Baró.

Banquete. Editorial Gredos, Vol. III. Madrid, 1988.

WEBGRAFÍA

Polarización, política y medios de comunicación, su impacto en la democracia y en la sociedad: https://revista.profesionaldelainformacion.com/index.php/EPI/article/download/87542/63567/298083

Universidad de Navarra. La era de la posverdad, la posveracidad y la charlatanería: https://www.unav.edu/web/ciencia-razon-y-fe/la-era-de-la-posverdad-la-posveracidad-y-la-charlataneria

Verne, El País. El Diccionario de Oxford dedica su palabra del año, posverdad, a Trump y al Brexit: https://verne.elpais.com/verne/2016/11/16/articulo/1479308638_931299.html

Ethic. Posverdad: bulos y patrañas: https://ethic.es/2023/06/posverdad-bulos-y-patranas/

Noticias. Ralph Keyes, el primero en describir la era de la Post-Verdad: https://noticias.perfil.com/noticias/general/2016-10-25-ralph-keyes-el-primero-en-describir-la-era-de-la-post-verdad.phtml

Funds Society. Las noticias falsas tienen un 70% más de probabilidades que las verídicas de ser compartidas: https://www.fundssociety.com/es/noticias/private-banking/noticias-falsas-tienen-un-70-mas-de-probabilidades-que-veridicas-de-ser-compartidas/

Ethic. No lo llames 'posverdad', llámalo 'posperiodismo'. https://ethic.es/2017/01/no-lo-llames-posverdad-llamalo-posperiodismo/

Casa de los Periodistas. Código deontológico: https://casadelosperiodistas.com/asociacion/codigo-deontologico/

Encyclopaedia Herder. Paradoja del mentiroso: https://encyclopaedia.herdereditorial.com/wiki/Paradoja_del_mentiroso

Carnap, R. La superación de la metafísica por medio del análisis lógico del lenguaje: https://posgrado.unam.mx/musica/lecturas/LecturaIntroduccionInvestigacionMusical/epistemologia/Carnap-Rudolf-La-Superacion-de-La-Metafisica.pdf

Desinformación y poder. La verdad en las democracias algorítmicas: https://www.cidob.org/sites/default/files/2024-07/Revista%20CIDOB%20d%27Afers%20Internacionals%20124.pdf

BBC News. Edmundo González denuncia el secuestro de su yerno en Venezuela en medio de una ola de arrestos de disidentes: https://www.bbc.com/mundo/articles/c708272prrzo

Reporteros sin fronteras. Estados Unidos | La visión de Donald Trump de la «libertad de expresión» se hace a costa de la libertad de prensa: https://www.rsf-es.org/eeuu-la-vision-de-donald-trump-de-la-libertad-de-expresion-se-hace-a-costa-de-la-libertad-de-prensa/

Amnistía internacional. Corea del Norte: Motivos de preocupación sobre derechos humanos. https://www.amnesty.org/es/wp-content/uploads/sites/4/2021/06/asa240022003es.pdf

The conversation. La desinformación como arma política: así tuitean los partidos. https://theconversation.com/la-desinformacion-como-arma-politica-asi-tuitean-los-partidos-167240#:~:text=Los%20principales%20partidos

Maldita. Migración: https://maldita.es/migracion/bulo/20241218/400-bulos-y-desinformaciones-migrantes-refugiados/ https://maldita.es/migracion/bulo/20241218/400-bulos-y-desinformaciones-migrantes-refugiados/

El Diario. Los expertos detallan en el Congreso argentino que Milei fue clave en el escándalo de la criptomoneda Libra: https://www.eldiario.es/internacional/expertos-detallan-congreso-argentino-milei-clave-escandalo-criptomoneda-libra_1_12084915.html

Polarización política y medios de comunicación, su impacto en la democracia y en la sociedad: https://revista.profesionaldelainformacion.com/index.php/EPI/article/download/87542/63567/298083

Inter Media. Tecnología al servicio de la posverdad. https://intermedia.eus/tecnologia-al-servicio-de-la-posverdad/

Este libro se publicó
en el mes de mayo
del año 2025